これからは入社5年経ったら、もう独立起業しなさい！

独立・起業・副業プロデューサー
山本佳典
Yamamoto Yoshinori

みらい PUBLISHING

これからは入社5年経ったら、もう独立起業しなさい！

はじめに――入社5年目だからこそ、自分のキャリアを自らつくろう

「今の会社で、目の前の仕事だけやっていて、大丈夫なのだろうか？」

このように思うのは、入社して4年の月日が経過したころだろうか。

新人という時期はもうとっくに終わり、周囲からも頼られる存在になれた。部署の業績の中核を担ってほしいと上司からも期待されている。

プライベートでは結婚もして、一生かけて自分が守る家族ができ、より一層仕事にも力が入る。はずなのだが……。

でも、本当にこのままでいいのだろうか？

このまま、今の会社の目の前の仕事だけをやっていて、大丈夫なのだろうか？

入社5年目――。それは、良くも悪くも自分の人生を構成する様々な事柄を、多面的に見る余裕が生まれる時期である。

在籍している会社の良い所も悪い所もリアルに見えてくる。上司や先輩の様子を見れば、将来自分の働いている姿や給料事情も想像できる。

風の噂《うわさ》では、同期もどんどん他の会社に転職しているらしい。家族もできて自分一人の生活ではないので、キャリアを見直そうと思っても、あまり身勝手なことも言えないようだ……。

きっとこの本を手に取っているあなたも、そんな複雑な心境にいるのではないだろうか。

そんな不安と期待が入り混じるあなたが、自分らしく力強くキャリア形成するために重要なこと――それは、

「入社5年目から独立する」

ことだ！

今の会社に残るでも、他の会社へ転職するでもない、第3の新たな道へ進むことである。

突然そんなこと言われても、すぐには自分のこととして理解ができないのも無理はないと思う。

何故か？　僕もかつては、かっちりとしたスーツに身を包む銀行員としてキャリアをスタートし、独立起業なんて頭の片隅にもなかったような人間だったからだ。

●銀行員だった僕が「入社5年目から独立起業」したのは明確な理由がある

誤解のないように付け加えておくと、僕は決して特別な人間ではない。

僕は大手の銀行員となり、業務としては個人の富裕層のお客様に、投資信託や生命保険などの金融商品の提案を行う資産運用のコンサルティング業務に従事していた。

僕は貧しい家庭に生まれたことで生来のハングリー精神を持っており、入行直後から営業成績では全国でトップの成績を取るほどの業績を上げていた。

当初は上司にも恵まれ、厳しい指導や環境の中で担当部署に貢献することができていた。

年次が上がると、後輩だけでなく同僚や先輩からも頼られる存在となり、自身の成果が出た方法を共有・指導するような立場となり、やりがいも大きくなっていった。

このまま成績を上げ続けていけば、良いポジションに早期に上がっていけるのではないか、と期待を膨らませていた。プロポーズもすませ、来年には結婚へ。苦労も大いにあったが、はたから見ても順風満帆《まんぱん》そのものだった。

そんな状況から一転し、僕が「入社5年目から独立起業」したのは、入社3年目の転勤がキッカケだった。

それまで順風満帆だったキャリアから、一気に奈落の底に突き落とされたのだ。

転勤した部署は、社内では悪名高《あくみょうだか》い部署で、パワハラ、モラハラは当たり前で精神的に病んでしまい、出社できず病欠するか、退職せざるを得ない状況まで追いやられる人が続出していた。

いくら営業ノルマを達成しようが一切褒められることもなく、無理な数字を突きつけられる。そんな環境下で僕自身は、声を3カ月失い、全身じんましんが出るほどの状態となった。営業マンだった僕の商売道具である声を失ったことで、僕は仕事が全くできない状況となった。

助けてほしいと周りに声をかけても、職場の同僚70名全員が僕のことを無視する状況だった。みんな次のターゲットになることを恐れたからだ。

僕は会社で自分の居場所を失った。

平日は会社に行くのが当たり前。生活の大半を占める会社での仕事において、僕の居場所がなくなったとき、僕はこう思った。

「あれ、俺、生きている意味あるのかな?」

本当はもっと頑張りたいのに、頑張れない。もう今の会社で上に昇っていく道は考えられない。他の企業に転職をしたって、また同じように新しい環境で潰されると考えたら転職なんて怖くてできない。


キャリアの選択肢が全て闇に消えたと思ったとき、僕は自分の命を絶とうとした……。

しかし、

「でもさ、これまでこんなにも頑張ってきたのに、その努力がこんなことで潰されてしまってたまるかよ!」

と、理不尽な世の中に対する反発心は、まだまだ僕の中に残っていたのである。

僕は自分の人生を絶対に諦めたくなかった。もう、これ以上誰かに自分の人生をコントロールされたくない。

入社5年目の春。僕は、会社や他人に委ねていた人生を自分の手で操縦するため、独立した。


僕はあなたに、お金や名声を得てほしいとか、自由になってほしいなどという、そんなチープな理由で独立起業を勧める気は微塵《みじん》もない。

僕自身、独立起業することは、**「これまでの頑張りを自分の力で証明する手段」**だと捉えているからだ。

●ウィズコロナ時代を生き抜くために本当に必要なスキルは「独立起業力」

終身雇用の崩壊、副業解禁、働き方改革、AI（人工知能）時代の到来……。

従来型の働き方の常識はもう賞味期限切れとなっていたものの、まだどこか頭の片隅では、「いや、まだ自分自身には関係のない対岸の火事だ」と思っていたビジネスパーソンも多かったのもまた事実だろう。あなたはどうだっただろうか？

だがいよいよ、そうとも言えなくなる未曾有の事態が起こった！

２０２０年初頭に起きた「新型コロナウイルスショック」だ。

新型コロナウイルス感染拡大の影響により、企業倒産や従業員解雇、人件費カットなどを引き起こすほどの経済大低迷が起き、オフィス出勤禁止、テレワーク体制への移行など、働き方が急変。世界レベルで大きな混乱が巻き起こった。


もう、国も会社も自分のことは守ってくれない！

この世界に、約束されたものなど一つもない。たった一つの正解などというものもない。

今まで毎日出勤していた会社が、明日突然倒産したとしても、何ら不思議ではない。

毎月決まった給料日に振り込まれていた給料が、ストップすることだってないとは言えない。

大切なあの人が、突然命を失うことだって……。

紛れもなく、これこそ僕たちが今、生きている世界なのだ。

でも、だからと言って、ここで自分の人生を諦めてしまってはならない。

人生とは、時に残酷な出来事を僕たちに突きつけてくる。そんな困難な状況下で、どう考え、どう動くのか試されている。

こんな、将来の見通しが立たない不確実な時代に、あなたが強く、そして賢く生き抜くために、どう考え、どう行動すれば良いかを、あなたと一緒に考える本にしたいと思って本書を書いている。

働き方の常識は大きく変わり、ウイルスの脅威とこれからは共存しながら、僕たちは生きていく必要がある。

「どんな時代になっても会社にしがみつくことなく働き、そして自分らしく生きていくためのスキル」、それこそが、本書を通して学ぶことができる「独立起業力」である。

●「入社5年目から独立」することで、自分のキャリアを生きていく

この本の役割は、人生100年時代といわれるこの時代、キャリアで悩んでいるあなたとともに、自分の手で理想のキャリアをつくっていくための方法を考えていくことだ。

「入社5年目から独立」するために、最も重要なポイントがある。これを押さえなければ、何も始まらないと言っても過言ではない。

それは、**「自分の『得意なこと』を理解し、ビジネスとして具現化する」**ということである。

では、なぜ「入社5年目」が狙い目なのか。

「入社5年目」というのは、これから独立起業をする上で重要な「ビジョンが明確に見えてくる」こと、また「スキルが十分に身についている」ベストなタイミングなのである。

入社5年目より早いと、どちらも未成熟であるし、遅ければ独立起業に踏み出すことに勇気が持てずに、そのままズルズルといってしまう可能性が高い。

巷《ちまた》には、「好きなことをやろう」「やりたいことで起業しよう」なんてキャッチーな言葉で飾られた、いかにも簡単なことであるかのようなビジネス本や情報があるが、それらを信じるのは極めて危険である。

前述もしたが、僕は安定堅実の代名詞の元銀行員。現在は、これからの仕事をどう設計していこうかと悩んでいるビジネスパーソン向けの独立起業・副業のプロデュースを行う会社を設立し、約4年で700名以上の人の支援を行ってきた。僕のやっている今の仕事にも、もちろん「得意なこと」が詰まっている。

その経験と知見から、最も成功確率の高い起業方法を本書では、ステップ・バイ・ステップでまとめていくつもりだ。

「入社5年目」という一つの節目に向けて、あなたが今の会社でどう働いていけば良いのか。今まさにその節目に差しかかっているのであれば、今からでも具体的にどんなことを考え、どのように行動すれば独立起業を成功させることができるのか——。

この本が、自分の可能性を最大限に生かして、自分のキャリアを自らつくってもらうためのきっかけとなれたら著者として幸せだ。

山本佳典《やまもとよしのり》

これからは入社5年経ったら、もう独立起業しなさい！　もくじ

第1章 入社5年目は、独立起業の最大のチャンス！

――これまでの常識・慣習を疑い、自分の選んだ道を生きよう

第2章

自分の「得意」なことが仕事になる

——5年間の会社経験の中から探し出そう

第3章 自らの「立ち位置」を知ることで、オンリーワンが見えてくる

――会社ではなく、社会が求めるポジションを考えよう

第4章

「時間」の管理ができた者が成功する

――自分も人も生かすタイムマネジメント力をつけよう

第5章 「コミュニケーション力」を磨いて良好な人間関係をつくる
――自分も相手も同等の関係を築こう

第6章

「人を巻き込む力」こそ、ビジネス発展の要
――あなたの大きなビジョンに、人もお金も呼び込もう

第7章 「お金と投資」の考え方次第で働き方が変わる

——経営者意識を持とう

企画・編集協力／遠藤励起

第1章

入社5年目は、独立起業の最大のチャンス！

これまでの常識・慣習を疑い、自分の選んだ道を生きよう

「終身雇用」は、もうありえない！

「いい学校に行って、いい会社に入社すれば人生絶対安泰だ」

本書を手に取ってくれているあなたは、もうこんな一昔前の常識は幻想と化していることなど百も承知だろう。

大手企業でも大規模なリストラが当たり前、ＡＩの急速な開発によって、あと20年で47％の仕事がなくなる……、そんな不確実な時代に突入しているのだ。それでは、「終身雇用がもうありえない、これからを生きる僕たち」は、どう生きていけばいいのだろうか？

人間という生き物は、誰しも「安心や安定」を求めるものである。かくいう僕も、この

これまで	変化しないことはむしろリスク！→	これから
終身雇用	雇用制度	生涯現役
年功序列	昇格昇進	成果主義
大企業のブランド	安心安定	自らコントロールできること
正社員	働き方の形態	多様化

これまでのキャリア、これからのキャリア

本を読んでいるあなたも、きっと同じだろう。

絶対的な安定を失った現在、僕らが考えなければならないのは、**「自分にとっての『安心や安定』の定義を正しく認識すること」**だ。

今まで僕らが信じてきた「安心や安定」というのは、大手の会社に入って定年まで貫けば生活が保障されるということ。

毎月決まった日に一定額の給料が振り込まれるということ。

そんな『変わらないこと』が、「安心や安定」をもたらすものだと思ってきただろう。

ただ、これからの時代は違う！

これからは、「変わらない」ことは、むしろリスクである！

僕がいた銀行業界は、市場環境の悪化やA

Iの進展に伴い、収益の低下と優秀な人材の流出が相次ぎ、今や斜陽産業となってしまっている。

こんな**状況の変化が起こってもなお、会社に残り続けるという「変わらない」選択を取ってしまうのは、沈没しかけている船に身を置き、自分の命を捨てているのと何ら変わらない。**

また、会社のブランドが良くても、給料が良くても、それが安定とは言えない問題がある。僕自身も経験したことだが、**「職場の環境や人間関係が自分にとって良くなければ、それは『精神的な安心や安定』はない」**と言えるのではないだろうか。

いくら、経済的に安定と言われていても、それは自分にとって安心安定とは言えない。あなたにとっての「安心や安定」とは、一体何を指しているのだろうか？　今一度考えてみてもらいたい。

☑ 既成概念を捨て、積極的に変わろう！

「常識・慣習」を疑い、変化できる自分になるには

「そうは言っても、今まで当たり前だったことを変えるなんて難しい……」

そのように捉えてしまう人も少なくないだろう。それは仕方ない。変わらないことを良しとしてきた教育を受けてきたのだから。

ただ、再三言っているように、これからはそうはいかない。常識や慣習を疑い、変化できる自分にアップグレードしていく必要がある。

となると、一つあなたは疑問を持つだろう。

「どうすれば、変化できる自分になれるだろうか？」

「変化できる自分になるための３ステップ」をここで紹介しよう。

STEP❶ ちょっとした疑問にも敏感になる
STEP❷ それは事実なのか、刷り込まれている思い込みなのかを確かめる
STEP❸ まずは小さく変化してみる

まず、**最初のステップとして、日常生活や仕事をしていて感じるちょっとした疑問にもアンテナを立てて、敏感になってみる**ことが大切だ。

たとえば、仕事をしている中で、「この報告書式ってムダじゃないかな？」と仕事のやり方に疑問を感じたり、「自分のこの仕事って、本当にお客様の役に立てているのだろうか？」と仕事のやりがいとのズレがないかを心で感じてみたりするのだ。

もしかしたら、今あなたもこのような当たり前とされてきたことへの疑問や、本心とのズレを感じている場面は多いかもしれない。だが、その疑問や本心とのズレに対して、「どうせそんなこと思ったって変えられないのだから我慢するか……」と見て見ぬふりをしたり、自分の気持ちに嘘《うそ》をついたりしてはいないだろうか？

今すぐにそういった疑問を放置するのをやめて、敏感に意識してほしい。変化できる自分になるには、そんなちょっとした常識や慣習といったものに対する疑問に敏感になり、

変化していくタネを見つけていくことからスタートしていけば良いのだ。

そして、**次のステップは、ステップ1で見つけた、これまでの常識や慣習に対する疑問に対して、それは事実なのか、それとも刷り込まれた思い込みなのかを検証すること**だ。

たとえば、今の自分の仕事が本当にお客様の役に立てているのか、という疑問を持つようになったとする。

これは僕自身が銀行員時代にまさに感じていたことであったので実例を挙げると、顧客に対して投資商品の提案を行う業務であったが、顧客視点に立てば、本来は顧客が利益を最も得られる状態にするのが仕事であるが、実際は銀行側が儲かるような商品をあえて提案するような場面も数多くあった。

もちろん銀行の上層部も多くの銀行員も、顧客第一を念頭におくことをモットーとしているだろうが、少なくとも私の直属の上司は、堂々と銀行側だけが儲かることを提案していたのである。

心の中では「こんな商品を提案したくないのに……」と思いながらも、会社から指示される商品を渋々提案することに罪の意識を感じていた。

この例からわかるように、会社で今まで当たり前にやっている仕事内容などに対しても、きっとおかしな点が見つかるはずである。**それは本当に会社から言われている通りにすれば良いことなのか、それとも見直すべきことなのか、しっかりと確認をしていく**必要がある。

最後のステップとして、見つかった変化のタネをきっかけにして、小さく変化してみることだ。

たとえば、先ほどの事例のように、会社から指示され顧客に提案しているものがお客様にとって本当に役に立つものでない場合を考えてみる。「小さく変化してみる」というのは、たとえば、会社から言われた通りにするのではなく、自分の本心に沿った提案をしてみるということだ。

会社からはAという商品を提案するように指示されていたとしても、自分はBのほうが顧客にとって最適だと判断した場合には、Bを提案してみる。要は、**会社に対してちょっとした反抗をしてみる**ということから始めよう。

僕自身のことを言うと、会社から指示された商品の提案にどうしても納得がいかなかったので、かなりの頻度でこのちょっとした反抗を繰り返していた。

確かに会社からすれば、指示に従っていないと判断されるかもしれないが、自分の本心に沿った提案ができていたので、結果的に顧客からは信用される結果となった。

このように、今までやってきた当たり前を変えて、常識や慣習とは真逆のことをやるのは確かに怖いかもしれない。ただ、３つのステップを通じて小さく変化していくことで、変わっても全く問題ないのだと確信を持ってほしい。

☑ とにかく小さなことから変化しよう！

「入社5年目」は、人生で重要な時期である

「入社5年目」は、人生で重要な時期である。社会人としてのキャリアだけではなく、プライベートでも大きな変化を迎える人が多い。

入社5年目は、担当する業務に対する習得もかなり進んでおり、後輩だけでなく同僚・先輩からも頼りにされる存在になっている。そうなると、自分だけで完結させていた仕事だけではなく、指導やリーダーシップを発揮する立場になる。

すると、大きな変化が出てくる。それは、会社の良いところも悪いところも両面を見られるようになるのである。若手と言われる時期では、そもそもの仕事をこなすことや、自分の営業成績を上げることに必死で、なかなか周りを見るほどの余裕はない。

そんな、**「自分の仕事が回ることを第一に考えて行動すればよいステージから、周囲に影響を与えるような立場へとステージアップするのが入社5年目」**という節目なのである。

そのタイミングで、強く意識し始めるのが、**「この業務内容・業務量は自分が得ている**

対価と見合っているのか？」という問題である。

僕が、この本を読んでいるあなたに、入社5年目から独立起業を勧める理由の一つがこの問題である。これはとても大きな問題であり、絶対にあなたが見過ごしてはいけないことなので、強く言いたい。

次の質問を自分に投げかけてみてほしい。

- **自分が会社に提供している価値と、それに対する報酬が割に合っているだろうか？**
- **現時点だけでなく、将来的にそれは満足できるものに増加が期待できるだろうか？**

もしも、少しでもこの質問に対して疑問を抱いているのであれば、あなたにはぜひ独立起業をすることで、会社ではなく世の中に広く自分の価値を示してほしい。

そして、きちんと見合った報酬を得られるような働き方にチェンジする動きにトライする。

そのタイミングが、今まさにあなたの目の前に訪れているのである。

僕自身も入社5年目直前で、この問題に直面した。自分の労働に対して、きちんと給料が見合っていないとずっと感じていたのだ。

銀行員は基本的に固定給。どれだけ営業成績を上げたとしても、普段の給料は変わらない。どれだけ難しい案件を捌《さば》いても給料は変わらない。自分よりも成績の低い先輩社員のほうが、なぜか給料が高い。収入を上げるためには、ムダと思いながらも上司に付き合って残業をする日々。

☑ 自分に「2つの質問」をしてみよう

そうしたモヤモヤを抱えながら、日々過ごしていたのだが、先ほどの「2つの質問」を自分に投げかけてみたことで、「自分はここから変わろう」と思えたのだ。あなたもぜひ、自分に向き合ってみてもらいたい。

自分で選んだ道を「自分で正解にする生き方」が必要

あなたは「これまでの人生、自分で全て決めて選んできた」と自信を持って言えるだろうか？

幼少期へ遡《さかのぼ》れば、付き合う友人や習い事から始まり、大きくなれば進学先の学校選択、就職先の企業選択……。自分の人生の岐路でたくさんの選択をしてきたと思うが、あなたの選択はあなた自身の意志で全て決めてきたことだろうか？

恥ずかしながら、僕自身は自分自身で決めてきたとは到底言えない人生を送ってきた。常に、親や友人知人、世間からどう思われるだろうか？　ということを気にしながら選択をしてきたと思う。この本を読んでいるあなたも少なからず、そうではなかろうか？

こっちを選択したほうが、人から良く思われるだろう。こっちを選んでしまったら、非難されるに決まっているから、やめておこう。ほとんどがこういった他人の目を気にして、まるで「正解探し」をしながら生きてきた人が大半だろう。

だが、これからはそんな生き方は通用しない。今まで正解のはずだと思わされてきたことが、正解ではなくなってきたからだ。

頑張って勉強して偏差値の高い大学に入学すれば、大手の企業にスムーズに入社できると思われているかもしれないが、今は違う。

年功序列主義もなくなり、ますます成果主義が重要視されるようになってきたため、いくら学力が高くても、企業で成果を上げられる人間でなければ、そもそも入社すら難しい。仮に入社できたとしても、成果を上げられなければ使い物にならないと、平気でクビを切られることも当たり前だ。

「大手の企業に入れば、終身雇用が保障されているので一生安泰だ」と思われていたのも、今となっては夢と消えた。トヨタの社長が、実質的な終身雇用の崩壊の限界について言及したように、多くの企業では、今までと同じように定年まで面倒を見るということが不可能になっているのだ。

海外からも競争力の高い優秀な人材が、日本に次々とやってきている。AIの発達によって、人間のやっている仕事を正確かつスピーディにやってのける時代がやってきている。大手の会社に入ったらもう安心、なんてあぐらをかいている場合ではない。

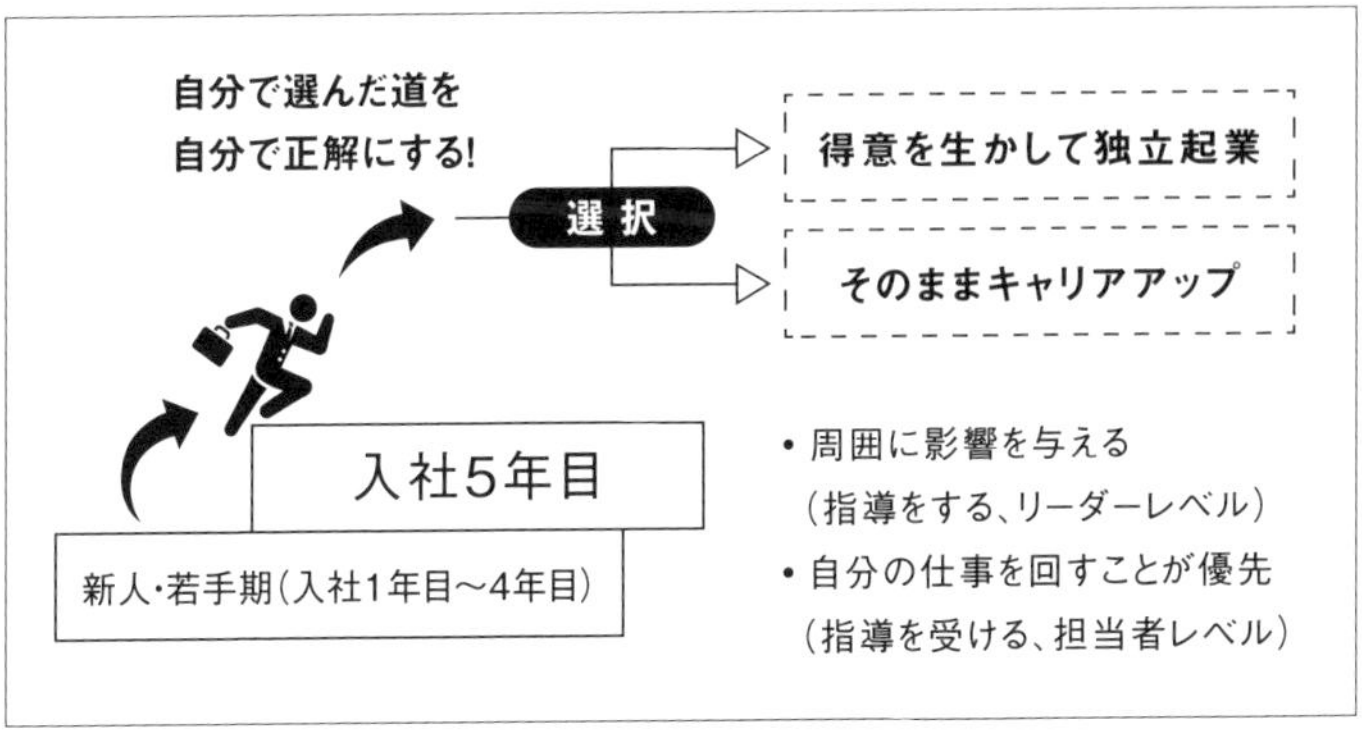

入社５年目はキャリアを考える重要な時期

もう、決まった正解という概念はないのだ。昨日まで正解と思われていたことが、今日になればそうではなくなる。それくらい世の中の流れが急激に変わる中で必要になってくるのは、**「自分で選んだ道を自分で正解にする」という生き方**だ。

決まりきった正解というものがないのであれば、自分で決めたものを正解だと信じて生きていくことができればいいのだ。

もしかしたら世の中の多くは、会社を辞めて自分で独立起業するなんてことは、不正解だと思うかもしれない。会社に属して生きていくことが正解だと思っているかもしれない。

でも、これからは自分のキャリアで独立起業していくと選んだのであれば、それを自分で正解にしていけば良い。誰かから何を言われたって気にしない。

「自分だけの正解」を自分でつくるのだ。

僕自身、大手の銀行を辞めると周りに言ったとき、最初はとんでもなくバカにされた。「そんな安定したところを辞めるなんて頭がおかしい」とまで言われた。今まで友人だと思っていた人たちから避けられるようになった。

そんな周りから見放された状況でも、僕自身は自分の選択した道を信じて、とにかくガムシャラに努力をして、おかげさまで会社も大きくなり、テレビや新聞などのマスメディアにも取り上げてもらえるほどの影響力を持つこともできた。

するとどうだろう、最初僕の選択を笑っていた人たちが、また僕のことを評価してくれるようになったではないか。

僕は自分の選んだ道を正解にした。そんな大層な話ではない。ただただ、自分のことを信じれば良いのだ。

☑ **自分だけの正解をつくろう！**

ただ、漫然と働いていないだろうか？

会社で同じように働いていても、やりがいも収入も青天井に伸ばしていく人と、そうではない人が明確に分かれる。しかも、この入社5年目というタイミングで、よりその差は顕著に現れてくるのだ。

なぜ、その差は生まれてくるのだろうか？

それは、**自分のキャリアに対して、どれくらい真剣に考えているのかで決まってくる。**

今でこそ言うが、かくいう僕も、入社5年目に差しかかる直前までは、自分のキャリアに真剣に向き合うことはほぼなかった。このままでは僕自身、危うく自分のキャリアを台無しにし、しがないサラリーマンとしてつまらない人生を過ごすところだった。

ただ、漫然と日々働いている、そう感じている人は要注意である。

そんな漫然と働いている日常から抜け出すために必要なこと、それは**「我慢しない。自**

分の気持ちに正直になる」ということだ。

あなたも、ぜひ日々の働き方を振り返りながら、じっくりと考えてほしい。

もし、次の項目で一つでも当てはまるものがあれば、今の働き方にもっと改善の余地があるということだ。

- **●気が合わないと思っている上司や同僚と我慢しながら働いている**
- **●顧客にとって良いと思える商品サービスを提供できない**
- **●業務内容が単調で、面白みや成長が感じられない**
- **●キャリアアップした先輩や上司の働き方に憧れを感じない**
- **●業務の量やレベルが上がっても報酬対価が上がらず、割に合わない**

どうだっただろうか？　考えてほしいのは、**「人間関係／仕事内容／報酬」**これらの今現在だけをピンポイントで切り取るのではなく、過去から現在までの変化と、現在から将来へどのように変わるのかという期待をシミュレーションし、**「果たしてこのまま、今の仕事を続けていく価値が自分にとってあるのか？」を見つめ直す**ことである。

☑ 自分の気持ちに正直になろう

我慢した先に明るい未来はない!

「入社5年目」ともなると、たくさんの我慢や葛藤を強いられることも多いはずだ。会社の中にいれば、どうしようもできないことが多いのも事実ではあるが、**我慢した先に明るい未来は待っていない。**

我慢を続ける環境からは早くに抜け出し、自分の思うように意思決定できるようなキャリア選択をしたほうがあなたのためである。

とある元小学校教師で僕のクライアントの実例から、いかに我慢を続けてしまうと良くないのか、そして我慢から解放されたらどうなれるのかを紹介しよう。

その人は、人一倍教育にかける想いが熱く、生徒だけでなく保護者からの評価も高い優秀な人であった。最初の勤務先は、職場環境も和気あいあいとしており、忙しいながらも毎日充実した教師生活を過ごしていた。

ところが、4年目で転勤になった別の学校でガラリとその様子が変わってしまった。周りの職員たちは常にやる気がなく、この人の熱量を逆に疎ましく思っているような態度を取ってくるほどだった。

そしてさらに、生徒の親御さんもいわゆるモンスターペアレントであり、ちょっとしたことでクレームを言ってくるという有様だ。

環境が変われば、このような変化も当たり前だと思って最初は我慢して受け入れていたものの、同僚たちや上司からの陰湿な職場内イジメも始まり、理不尽なクレームもエスカレートし、我慢の限界を超え、この先生は躁うつ病を発症して職場を辞めざるをえない状況にまでなった。

我慢を続けることは、自分らしい働き方もできない上、このケースのように心身に支障をきたすことも十分にありえる。

この人は、病院で治療を受けながらも僕のもとで独立起業の方法を学んで実践し、「公務員という縛りのある中での学校教育では提供できない、これからの時代に本当に必要な教育をしたい」という想いから、小学生の段階からコミュニケーション能力や表現力や思考力をアップさせる、「キャリア教育を行う塾」を関西で開講した。

自分の付き合いたい人とだけ人間関係を構築し、やりたいことを実現させながら、今では従業員を10名以上も抱えるほどの事業規模にまで発展した。

我慢することをやめ、自分で道を切り拓《ひら》く選択をすることができれば、人生は大きく変化するのだ。日々のあなたの働き方は本当に自分に合ったものなのだろうか？　しっかりと考えてみてほしい。

☑ 我慢することをやめよう

入社1年目から、5年目を見据えて働いてみる

では、そのように日々の働き方を意識したほうが良いのは、どのタイミングからがベストなのだろうか？

本書で提唱している、「入社5年目からの独立起業」を実現するのであれば、5年目から急に考え始めたとしても、それはあまりにも遅すぎる。

最も理想的なのは、どのタイミングからなのか——。それは、**「入社1年目から、すでに5年目を見据えて働いてみる」**ということだ。

入社1年目から、次のキャリアのステップとして「入社5年目から独立起業する」ということを考えて、キャリアプランを組んで日々の業務に邁進するのだ。

入社1年目というのは、会社によって様々だが、最初の新人研修から始まり、通常業務

の中にOJT（on the job training）を取り入れながら、ある意味ジェネラリストとして総合的に汎用性の高いスキル育成をしてもらえる。それが大きなチャンスなのだ。

新人のときから、自分自身がどんなキャリアビジョンを持っているのかを明確にしながら働くことで、日常業務で得られる情報やスキルの吸収効率が格段に上がる。


また、僕がお勧めするのは、会社の基本業務に慣れてきたら、**「積極的に外部との交流や学びの場に参加する」**ということだ。

もしかしたら、今あなたも感じているかもしれないが、会社というのは非常に狭いコミュニティ環境である。

自宅と会社との往復の生活を毎日続けていると、会社の常識が世の中の常識、つまりは自分の中の常識になってしまうのである。それは恐怖でしかない。

僕自身も、会社員として働いていたときには、当初は会社の独身寮に住んでいたため、24時間365日、銀行で働く上司・先輩・同僚としか関わっていなかった。

会社の外の環境のことを全く知らない人たちの常識が自分の考えや行動を支配し、まるで外の環境に出ることを知らぬ間に抑圧されていたかのようであった。

入社5年目の手前で僕は初めて、いわゆるビジネス交流会や外部のセミナー勉強会に参加したとき、いかに自分が井の中の蛙《かわず》と化していたのか痛感した。

「世の中には、こんな働き方もあるんだ。こんな人生を自分も歩める可能性があるんだ！」

そんな衝撃を受けたのを鮮明に覚えている。

入社5年目を見据えて、会社での業務の進め方や自分が習得すべきスキルの選定、外部との接触……、これらを進めてほしい。

☑ **積極的に社外の人間と交流しよう！**

入社5年目に見えてくる重要な2つのポイント

さて、ここまで、人生で重要な時期である入社5年目を迎えるにあたって、ただ漫然と生きることなく、入社1年目から入社5年目を見据えて働くことの必要性を伝えてきた。

そういった心持ちで入社5年目を迎えることができたときには、「今後の自分のキャリア形成に大きく関わる重要な2つのポイント」が見えてくる。

まず、1つ目は**「キャリアビジョン」**である。

副業解禁、人生100年時代といわれる時代になり、一つの会社や組織に一生奉公するという考え方もなくなり、将来のビジョンをいかに明確に持ってキャリアをデザインしていくのか、ということが重要になってくる。

入社5年目になるまでに、会社外での活動を活発に行いながら、会社内だけの常識に囚われることなく働いていくうちに、将来をしっかりと見据えた自分だけのキャリアビジョンが形成されてくる。

このキャリアビジョンを指針に行動すれば、**きっとあなたも今後のキャリア選択に迷うことはない。**

2つ目は**「自分の得意なこと」**がハッキリとわかってくるということだ。**「得意なこと」それは、あなたがこれからの変化の大きな時代を強く逞しく切り拓いていってもらうために、最も重要な武器**となる。

今はもしかしたら、ハッキリとは自分の得意なことというものが何なのか、わかっていないかもしれない。

ただ、あなたにとっての得意なことがわかれば、その得意なことを仕事にすることで、自分だけのキャリアとして独立起業を成功させることができるのである。

自分自身のことを話すと、入社5年目に差しかかる直前から会社外での活動を始めていた。交流会や名刺交換会などで、自分の会社以外の人と接触する中で、やはり自分がこれまで経験して培ってきた営業力や指導力は十分に会社外でも通用するということがわかった。

年上の経営者や会社員と話をしても、自分のスキルには高い評価をいただくことができたので、これから自分の力だけで仕事を取っていく自信が一気についたのを今でも覚えている。

では、「入社5年目からの独立起業」を成功させるための、あなたにとっての「得意なこと」とは一体なんなのか、どうすればその得意なことが明らかになり、それを仕事にすることができるのか。第2章から、さらに詳しく見ていくことにしよう。

☑ 自分の「得意なこと」を見つけよう！

第２章

自分の「得意」なことが仕事になる

５年間の会社経験の中から探し出そう

「得意なこと」でなければ、独立起業は成功しない！

「独立起業しようなんて簡単に言われても、自分には難しそう……」

これは、一度でも独立起業という選択肢を思いついた人であれば、誰でも一度は抱える悩みである。

これまで700名以上の独立起業支援のコンサルティングを実施してきた僕の元には、様々なバックボーンを持った人からの相談が毎日ひっきりなしにやって来る。

そのほとんどの人が、当初の相談では異口同音に「自分にもできるのだろうか？」という言葉を口にするので、あなたも同じように感じてしまうのも至極当然であろう。

ただ、そんな悩みを持った人たちも、これからお伝えすることが腑《ふ》に落ち、忠実に実行してもらうことで、最初の悩みが嘘のように消えて独立起業を成功させているのである。

「自分にもできるのだろうか？」という悩みを払拭《ふっしょく》し、独立起業を成功させる一番のポイントが、**「得意なことで独立起業する」**ということである。

逆に、このポイントを押さえておかなければ、独立起業は成功しないと言っても過言ではない。

この章では、「得意なことで独立起業する」ための具体的な考え方や方法をお伝えするとともに、よく寄せられる悩みについても解消していこうと思う。

まず、押さえておいてほしいのが次の3つのポイントである。

POINT❶ これまでの「キャリア・経験」を時系列で棚卸しする

POINT❷ 発揮していた「能力スキルや知識・技術」を書き出す

POINT❸ 成果が上がったことに「共通する要素」をピックアップする

早速、順に説明をしていこうと思うが、その前に改めて強調しておきたいことがある。それは、**「誰もが得意なことがある」**ということだ。「自分にはそんな特筆するような得意なことなんてない」などと思う必要は一切ない。

ぜひ、今回を機会に自分のキャリアを振り返り、自分の得意に出会ってほしい。

☑ 自分の得意なことを探そう

POINT❶ これまでの「キャリア・経験」を時系列で棚卸しする

最初に行うのは、ここまで歩んできた「キャリア・経験」を時系列で棚卸しをする、ということである。一般的には、入社してからの社会人経験のスタートからをキャリアと表

	出来事	そこで得られた成果	知識・ノウハウ・強み	なぜ頑張れたか
小学校時代				
中学校時代				
高校時代				
大学時代				
社会人1年目				
社会人2年目				
社会人3年目				
社会人4年目				

キャリア・経験アウトプットシート

現することが多いが、そうではない。

「幼少期まで遡り、人生全てを振り返って、棚卸しをしていく」のだ。

ただ、急に棚卸しをするようにと言われても、何をどのようにすれば良いかわからないと思うので、棚卸しする際のアウトプット項目をお伝えする。

- やったこと、プロジェクト、仕事内容……部活、スポーツ、学業、アルバイト、仕事面での事実や出来事
- 得られた成果……順位、得点、表彰などの結果
- そこで使用していた知識やノウハウや強み
- なぜそのことは頑張れたのか、そのとき

味わっていた感情

これらの項目をエクセルシートなどでまとめていくことで、これまでの人生経験を一気に整理することができる。

先ほども述べたが、社会人になってからだけを切り取るのではなく、幼少期や学生時代まで振り返ることが非常に重要である。

学生時代に関しては、アルバイトの経験を書き出すというのはすぐにイメージがつくとは思うのだが、幼少期はどんなことを書けば良いか？　という質問が想定される。

幼少期に関しては、どんな子ども時代を過ごしていたのかがわかるように書けば良い。

たとえば、

●クラスの中では、どんなポジションだったのか？（学級代表になるようなリーダータイプ、勉強が得意でみんなにノートを配っていたようなタイプ、おとなしくいつも図書館で本を読んでいたようなタイプなど）

●時間を忘れて没頭していた遊びや勉強、スポーツなどこのような感じだ。

自我を形成する幼少期にどんな性格だったのか、自分の性格が、もし集団生活を通して変化したことなどがあればどんなキッカケがあったのか、どんな家庭環境だったのか、などは「自分のルーツ」を明らかにする重要なポイントであるので、この機会にしっかりと振り返ると良い。

☑「自分のルーツ」を明らかにしよう

POINT❷ 発揮していた「能力スキルや知識・技術」を書き出す

時系列でキャリア経験の棚卸しをした次は、その瞬間、瞬間に自分がどんな「能力スキルや知識・技術」などを発揮していたのかを書き出していく。

そのスキルなどは、いきなりできるようになったということはきっとないと思うので、そのスキルや知識などは**「どういう経緯で身につけていったのか」をしっかりと追っていくことで、自分の得意なことの根幹を知ることができる。**

また、どんなことをやって、どんな結果が出たのかということももちろん重要なのだが、着眼してほしいのは、**「そのときに自分が何を感じていたのか」という感情面もしっかりと整理していく**ことが大切である。

結果が出たことというのは、自身の得意なこと・強みを生かせているからであるのは間違いないのだが、そのことが自分自身にとっての「やりがい」などにつながるものかどうかはまた別の話である。

たとえば、営業職として働いていて、営業成績が社内で表彰されるような優秀な成果を上げていた人がいるとする。

この人は、その営業の成果・功績が認められ、その後の転勤で本部に移動し、各営業マン向けに営業研修を行う担当となり、そこでは丁寧な指導力によって、営業マンの成果をアップさせるという功績を残した。

この人は、まず実績的に「営業スキルが得意」なことであるというのは間違いなく言える。ただ、先ほど述べたように、その後のキャリアである、営業指導の部署での仕事になった場合、**より大事にしてほしいのは、「営業指導の部署での自分の経験におけるやりがい」**である。

なぜ、こういった感情面が大事なのかというと、理由は2つある。

一つは、**「人間は、お金だけで行動の動機づけにはならない」**ということ。

もう一つは、**「事業を継続させるためには、自分の軸が必要」**ということである。


まず、行動の動機づけという点であるが、この本を読んでいるということは、きっとこれから会社を辞めて独立起業を考えている、という人だと思う。

そんなあなたに聞きたいのだが、「これから会社を辞めて、独立起業をすることに全くの不安がない」という人はいるだろうか？　恐らく、そんな人はいないだろう。


人は、どうしても不安なことがあれば、行動する足を止めてしまう生き物である。収入が入る見込みがあると言われても、そんなお金だけの理由で会社を辞めるという決断をすることは難しい。

金銭面ももちろん大事だが、それに加えて、

「この仕事をすることで、自分にとってはこんなやりがいを感じることができる」

「この仕事でこんなことを実現するために、絶対に自分で独立起業を実現させる」

といった、強い行動の動機づけをさせなければならない。

そのことによって、不安な精神状態から、一気に前へ進むための強いエンジンを手に入れることができるのだ。

また、これも非常に重要なことなのだが、事業というのは継続しなければならない。何かを始めて、すぐに辞めてしまえば、いろんな人に迷惑をかけることになる。

お客様もそうであるし、もし家族がいる人であれば、そんなフラフラとしているようでは家族を支えるなどできはしない。

正直、物事を続けるというのは簡単なことではない。それはもしかしたら、あなたも感じていることかもしれない。

ただ、悲観的に思う必要などなく、しかも簡単に継続させるためのポイントがある。それが、**「自分の軸に合ったことを選択する」**ということである。

自分の軸とはつまり、

「これは自分の価値観に合っている」
「自分はこれを大事にしている」
「自分はこれにやりがいを感じる」

などだ。

この軸というのは、どういったことであるのか、それを見つけていくのが、次のポイントである。

☑ **成果が出たときの感情をしっかり見つめよう**

POINT❸
成果が上がったことに「共通する要素」をピックアップする

最後は、ここまでの流れで大量にアウトプットしたものを再度見返し、**「自身の成功要因の共通項をまとめていく作業」**だ。

ここが非常に重要になってくる。幼少期から、学生時代、社会人、これまでの人生のあらゆる場面の振り返りをしたら、本当にたくさんのことが挙げられたと思う。

一見すると、まとまりのないことが列挙されているように思うかもしれないが、そこに共通項を見つけ出してほしい。

ここでは、その共通項を見つけ出すための「着眼点」をお伝えしたい。以下のような観点を持てば、共通項が見えてくる。

●息を吸うかのように「サクサクとできること」は何か
●他者からも「評価をもらっていること」は何か
●誰かと比較しても、自分は、これは負けないと「自己評価が高いこと」は何か
●自分はこれを大事にしているという「軸が反映されていること」は何か

このような観点で、自分のキャリア経験の全体を俯瞰《ふかん》してみてほしい。何か見えてこないだろうか？

たとえば、先ほどの事例で挙げたような、営業職から営業指導の部署で活躍した人の例をもう少し広げて考えてみると、共通項というのがどういうことかわかってくるだろう。

この人の場合、幼少期、学生時代の経験を遡ってみた場合、学校でも成績が優秀でクラスメートに勉強を教えていたというエピソードが出てきた。

また、大学時代には家庭教師や塾の講師などのアルバイトを4年間行い、担当した生徒の学力アップにも貢献していた。他にも様々なキャリア経験をアウトプットしているのだが、共通項はすぐにわかってくると思う。

まとめると、この**成果が出る共通項は「教える」**ということだ。実際に、学生時代や社会人でのキャリアも、「教える」ことを仕事にしていたときには、目に見える成果が出ており、他者からも高い評価を受けている。

「教える」ということは、この人にとってどんな意味があるのかというと、「貢献」「成長」を人に与えることに喜びを感じるという「やりがい」がある。

このように、共通項の一つが見つかれば、他にも共通するものはないだろうかとグルーピングしてみると、どんどんと自分はどういった得意があるのかを整理していくことができる。

☑「共通項」をグルーピングしてみよう

最短で独立起業を成功させるには「自分の中から出す」こと

これから独立起業を考えている人であれば、必ず押さえてほしいことがある。それは、**「自分の中から出す」ことを絶対に意識する**ことだ。

反対に、絶対に失敗するパターンとは、「外から付け足そうとする」ことだ。一体どういう意味なのか、これから具体的な事例を交えて話をしようと思う。

これは本当によく陥りやすい落とし穴なのだが、独立起業をするのであれば、まず経営を学ばなければいけないと思い、何百万円も支払って大手の経営大学院が開講しているビジネススクールに通っている人がいる。

これは全くもって遠回りなので、辞めたほうが良い。僕の元に相談に来た人で、この手のパターンで失敗した人は何人も見てきた。

なぜ辞めたほうがいいのかというと、そういったビジネススクールで学ぶ経営理論というのは、自分で事業を興す上で必ず必要かというと、ほとんどが必要ないことが多い。実際に自分で事業を興すとわかると思うが、こういったところで学ぶ経営理論や知識というのは現場では生かされないような、机上の空論となることが多いのだ。学んでインプットすることで満足してしまい、結果が伴わないという現実を引き起こす。

わかりやすいものでたとえるのであれば、あなたがこれまで学校で学んだことが、今の実生活の中であまり生かされてないのと同じような感覚である。「因数分解」を実生活で毎日のように使って生活している人なんているだろうか？

独立起業をするというと、なんだかスケールの大きな話のように考えてしまうかもしれないが、実は驚くほどシンプルなのである。

「目の前の人の悩みを解決して、対価をいただく」

これがビジネスの基本的な考え方である。そこに小難しい経営の知識や理論を必死に付け加える必要なんてない。

外から付け加えるのではなく、やるべきなのは、「自分の中から出す」ということだ。**自分の今現在持ち合わせている「経験」「知識」「技術」「想い」その全てを中から出すだけでいい**のだ。それだけで、目の前にいる人の悩みを解決できるヒントが山のように出てくる。

外から付け加えない、中から出す。それが最短で独立起業を成功させる基本的な考え方だ。

☑ **今持っているものを最大限活用しよう**

「やりたいこと」で独立起業は、間違いなく失敗する！

あなたは、「やりたいこと」で独立起業してみたいと考えたことはないだろうか？ たとえば、北欧風のおしゃれなカフェを経営してみたいとか、サッカークラブを経営してみたいとか、そういった「やりたいこと」を実現してみたいという願望はないだろうか？

夢を打ち砕くような話をしてしまって恐縮だが、もし失敗することなく独立起業を形にしていきたいのであれば、そういった**「やりたいこと」で独立起業をしようと考えるのは危険な選択**なのでやめたほうが良い。

その理由は単純明快、**あなたに「経験」がないから**である。失敗をしても全く気にしないという人であれば、チャレンジするという意味では問題ないかもしれないが、確実にうまくいきたいというのであれば、**これまで経験がないものを、これから独立起業して手がけるビジネスにしてはいけない。**

以前、相談者で「やりたいこと」を自分の事業にしようとして、全くうまくいってない状態で2年経っているという人がいた。無類のワイン好きで、ワインに携われる何かをしたいということで、バーの経営やワイナリーの経営、ワインの卸売をしたい……などと色々と構想し、ワイン関連の本を読みあさり、実際にバーの経営者やワイナリーに出向くなど試行錯誤されていた。

結局、何も形にならずに終わっていたのだが、僕のもとに来て一瞬で問題が解決した。最終的にワインに関連する知識だけはたくさん増えるものの、肝心の実運営に関しては最初に大きな資金が必要となり、とてもすぐにできそうにないと判断された。

その後、僕と話すうちに新たな事業の方向性を見出した。その人は、金融機関に勤めており、富裕層向けの資産運用の提案を主にしており、金融知識も豊富で富裕層の人からかなり高い支持を受けていた。

独立起業してからも、資産運用のコンサルティングをするのはご自身でもイメージができていたので、富裕層のお客様を開拓する際に、富裕層の人も好まれているケースが多いワインを切り口にしていくことになった。

その狙いは見事に当たり、単純に金融関連のセミナーなどを告知するよりも、ワインと資産運用を絡めるということが珍しく、どんどんと口コミで顧客が広がることになった。

今回のケースのように、仮に「やりたいこと」があったとしても、それをそのままやろうとすると、経験や得意ではないことをしてしまい、失敗することがほとんどだ。

ベースになるのは、「得意なこと」である。そこにちょっとしたスパイスとして、あなたのやりたいことを絡めてみるのはいいかもしれない。

☑ とにかく「得意なこと」をベースにしよう

独立起業するのに「資格取得」をしてはいけない！

独立起業を考えたときに、よく挙げられる悩みの一つに、「何か資格が必要なのか」という資格取得の必要性に関しての問題である。

この本を読んでいるあなたも、少なからずそのように資格の勉強をスタートしたほうがいいのかと動き出してしまっている人もいるかもしれない。

結論から言うと、本書で提唱している、**得意なことで独立起業するのに、資格取得は必要ない。むしろ、資格に頼った独立起業は危険である。**

まずは、なぜ独立起業するのに資格取得が必要なのかと思ってしまうのか、ということから考えてみる。

「手に職」と言われるように、資格を取れば、その資格を持っていることによって、仕事が取れる、収入が上がると思われていることが一番の理由だと思う。

ただ、これが大きな間違いなのだ。特に、近年は、**資格があることによる優位性がなくなってきている。**

たとえば、弁護士や税理士などの、いわゆる士業といわれる人たちの場合を考えてみる。

難関資格なので、すぐに取れるような一般的な資格と同じように並べて考えてはいけない。あくまでも一例として考えてもらいたいのだが、士業の人たちも資格があるからと言って、独立起業して仕事が順調に舞い込むわけではないのだ。

同じ弁護士資格を持っている人であれば、はたから見ると当たり前だが、弁護士としては全く同じなのだ。

そうなると、選ぶ側のお客さんからすれば、何も変わりない弁護士が何人も横並びでいた場合、どの人を選べば良いかわからず、結局、誰も選ばれないということもある。

では、どうすればこの状況から脱することができるのか？　それこそ、自分の得意なことを明確にすれば良いのだ。

○○の分野に精通している、○○の問題解決の実績が豊富にあるなど。そうすれば、他の同業者と比べて自分が選ばれる理由が明確になる。

資格を取って仕事をするというのは、ある種の安心感を得られる一方で、それ以上に資格に頼らずに、自分の得意な分野を明確にしなければ、厳しい競争に晒《さら》される可能性が高い。

また、資格を取得するためには、今から資格取得に向けての勉強に膨大な時間を割く必要がある。会社で働きながら、資格取得の勉強も行い、資格が仮に取得できたとすれば、その資格を生かして自分がどうお客さんから選ばれるようにするかも考え、動かなければならない。それは、**時間も労力もかかる**。とにかくコスパが悪いのだ。

こういう僕自身も独立を最初に考えたときに、資格取得を考えてみて失敗したうちの一人である。銀行員だった僕は、なんとなくイメージだけで「経営コンサルタント」っていいな、という直感で色々調べた結果、中小企業診断士という資格があることをそのとき初めて知った。

難関資格ではあるものの、自分である程度独学で勉強してみたら取得できるのではないだろうかと思い、書店に足を運んだ。中小企業診断士の試験科目は7科目あるということで、7科目のテキストと問題集を全て買い揃えた。

そこから、会社の通勤時間や朝晩に勉強時間を確保してみようと頑張ったものの全くやる気が起きない。とにかく資格の勉強内容が頭に入ってこなかったのだ。

そのときは、会社の環境からいかに早く抜け出したいか、ということばかりを考えていたので、「なんで、こんないつ合格できるかもわからない、合格したところで稼げるかどうかもわからない勉強をやらないといけないのだ」と自暴自棄になった結果、資格の勉強をすっかりやめてしまったのだ。

あの経験があったからこそ言える。

資格の勉強はするべきではない！

そう考えると、本書で提唱しているように、**これまでのキャリアや経験から紡いだ得意なことで独立起業するほうが、新たな何かを付け加える必要のある資格取得での独立起業よりも、最短経路で成功確率の高い方法**だということがわかっていただけると思う。

☑ 資格取得という考えを捨てよう

「会社の評価」を額面通り受け入れてはいけない！

さて、あなたは会社での評価に満足しているだろうか？　大きく頷《うなず》くことができる人もいれば、自信がなかったり、悔しさを感じたりしている人もいるだろう。後者にあたる人であれば、ここまでの内容を読んでみてこんなふうに感じているかもしれない。

「得意なことと言われても、今の会社でそんなにいい評価をもらっていないから、棚卸しなんてできない」


心配しなくていい。「会社の評価」なんかに惑わされなくていいのだ。


なぜ、そのように言えるかというと、どうしても会社組織の場合は、人員配置の問題で**「自分にとって得意ではない部署や業務内容につかされるケースがかなりある」**からだ。

入社５年目にもなる人であれば、多くは転勤などで業務内容の変更を経験していると思う。そのときになかっただろうか？　合わない仕事をせざるを得なくなり、どれだけ頑張っても結果が出ずに、上司からは良い評価をもらえなかったという経験が。

営業や対人折衝が得意なのに、単調な事務作業を黙々とさせられる部署に行かされて、仕事にやりがいを持てなくなった人。

逆も然《しか》りで、事務作業や管理業務が得意なのに、自分が苦手とする対人コミュニケーションが、必要かつ突然厳しいノルマを課せられる営業の部署に異動となり、本来の強みを発揮できない人。

僕自身も、対人営業が得意なのにも関わらず、事務部門の部署に一時的に研修や異動になった際はミスを連発し、上司からは怒られる毎日だった。適性がないところは、どう頑張っても無理なのである。

大事なことなので、強調して言いたい。

これからのあなたは、もう会社の中でどう評価されるかは考えなくて良い。

「社会」が必要とし、正当に評価されるようなことをやれば良いのだ。

自分の得意なことを、世の中で広く役立てるようにする、そうした視点が必要となってくる。そのあたりについては、次の第3章から詳しく述べていくことにする。

☑ 会社ではなく、「社会」が必要なことをやろう！

第３章

自らの「立ち位置」を知ることで、オンリーワンが見えてくる

会社ではなく、社会が求めるポジションを考えよう

「立ち位置」を知ることで見えてくるものとは

第2章で、「自身の得意なことをどうすれば知ることができるのか」という方法論についてお伝えしてきた。これまでの人生を場面、場面で切り取って、そして全体を俯瞰《ふかん》してみて、自分自身の得意なことが発見できただろうか？

第3章では、これまでで明らかになった得意なことを踏まえて、自らの「立ち位置」を知るというフェーズに入っていく。

「立ち位置」を知る、というのは一体どういうことなのかと言うと、**「お客様から『あなたでなければならない理由』を明確にする」**ということである。それは、自分をさらに知ることにつながってくる。

もしかすると、まだピンときていない人も多いと思うので、また事例を参考に、この「立ち位置」の重要性について考えてみよう。

たとえば、何度か出ている「元々営業成績が優秀で、さらに営業指導をすることが得意な人」について考えてみる。

この人については第2章でも触れたが、「営業で成果を上げること」と「営業方法を教えること」であれば、後者である「営業方法を教えること」のほうに自身のやりがいもあり、自身の得意なこととしてこれから独立起業する上での、軸としても良さそうだ、という話であった。

では、この「教えること」を軸とする場合と、「営業して成果を上げること」を軸とした場合だと、今回考える「立ち位置」というのはどう変わるのだろうか？

「もし、自身の得意なことや強みなどが複数出てきた場合は、どう考えたら良いだろうか？」と、実際自分自身のことに重ね合わせながら、「立ち位置」を考えることの重要性について考えてみよう。

☑ **立ち位置から自分を見よう**

立ち位置を知れば、事業の「方向性」が決まる

では、「立ち位置」を知ることとは、どういうことなのだろうか。

それは、あなたが**独立起業した際に進めていく、「方向性」が決まる**ということだ。

先ほどの例で考えてみよう。もし、「教えること」を軸とした場合で独立起業して仕事をした場合に考えられる働き方としては、ざっくり考えると、

●顧客対象……営業が苦手、うまくいかないため、スキルアップをしたい営業マン
●提供すること……体系的に営業ノウハウを教える、営業スキルの実践トレーニング

このような働き方、仕事として独立起業し事業を行うことが可能である。教えることが主軸となるため、自身が何か商品サービスを営業活動して販売するというよりは、自身の知識や経験をもとに、これから営業スキルを磨いていきたいという人への教育を行い、その指導料が対価という事業モデルとしての方向性となる。

一方、「営業して成果を上げること」を軸とした場合で独立起業して仕事をした場合は、同じように考えてみると、

●顧客対象……営業が苦手で、自分の商品サービスを代わりに売ってほしい人
●提供すること……顧客の代わりに商品の販売や営業を代行する営業代行業務

このような働き方、仕事として独立起業し事業を行うことが可能である。販売・営業することが主軸となるため、自身の営業力をそのまま生かして、顧客（企業・事業主）が持つ商品サービスを代わりに販売・営業することで、顧客の営業力の補填をし、販売実績に応じて成果報酬として対価をいただくという事業モデルとしての方向性となる。

このように、自分の「指導力」を売りにするのか、「営業力」を売りにするのか、それによって独立起業して事業を行う上での方向性が、全く異なることがわかってもらえたと思う。

これが、自分の「立ち位置」を知るということである。

どちらのほうが、より自分の持っている得意なことが価値として高まり、お客様から選んでもらえるのか、やりがいも大きくすることができるのか、そういった観点で、自身の「立ち位置」を決めていってほしい。

☑ **得意なことの価値がより高まる方向性を考えよう**

会社組織ではなく、「社会が必要としているポジション」を取る

また、この「立ち位置」というのは、当然であるが会社組織の中での立ち位置、ポジションということではない。

会社という小さな枠組みの中で、自分はどう生きていけば良いだろうかと考えるのではなく、もっと視界を広げて、**「社会で自分は、どういった立ち位置であれば必要とされるのか」**という視点を持っていくのだ。

確かに、会社の中で重要なポジションに就いたり、責任ある仕事を任されたりというのも、一つのキャリア選択としては素晴らしいものであると思う。

ただ、これからの変化の大きな時代では、管理職や責任あるポジションの人であっても、いつ何時《なんどき》会社の方針でその仕事を外されるかどうかもわからない不確実性が高いのも現実だ。

実際、僕のもとには、現在会社で重要ポストについている40歳前後の管理職の人からの、

今後の会社員人生のキャリアに不安を抱えているという相談も数多く寄せられている。これが、現在のキャリアを取り巻くリアルな現実なのだろう。

「一つの会社で着実に出世して、最後まで勤め上げ、安心安定のまま定年を迎える」

それはもう幻想だ。

あなたの存在価値は、会社組織ではなく、「社会」が求めているのだ。

☑ **「一つの会社で定年を迎える」という考えを捨てよう**

会社のためではなく、「自分の人生」を生きる

誤解を恐れずに言うが、**「会社員として自分を殺して生きるということは、他人の人生**

を生きていることと同じである」と僕は考える。

もちろん、人によっては、そんなことは全くなく、あるがままの自分で、自分が好きで、その会社での仕事人生を選んでいる人もいるだろう。

ただ、こんなふうに仕事や会社選びをした人や実際に悩んでいる人は、他人の人生を歩んでいるといえるだろう。

●就職活動は、親や友人などからよく見られたいと、周りの目を気にして、自分は何がしたいかなどは二の次にして行っていた
●会社の中では、上司からどう評価されているかばかりを気にしている
●自分の意見や希望を言わないようにしている
●いざ、転職などキャリアチェンジを考えても、親や周りからどう思われるかで躊躇《ちゅうちょ》してしまっている

このように、**「何か自分が行動する際の選択の基準が、人からどう思われるかを気にしている」ようでは、自分の人生を生きることはできない！**

僕らはいつからだろうか、自分がこうしたいという意志を貫くのではなく、「他人からどう思われるかを優先する」ようになり始めたのは。

思い出せば、最初は高校生のときだ。そのときから他人の目をより気にするようになったように思う。僕は進学校に通っていたので、難関大学を目指すことが当たり前だった。その大学では、どんなことが学べるのかという学びの目的ではなく、いかに偏差値が高いか、というところでしか学校選択をしなかったのだ。

また、就職活動の際も同じような価値基準だった。いわゆる「就職人気ランキング」の上位の会社からいかに内定をもらうか、入社するかということが目的になっていた。常にこのような選択をしていれば、自分の人生なんて到底生きることはできない。

自分の「立ち位置」を、社会が必要としていることとして位置づけるというのは、あなたが「本来の自分の人生を生きる」ということに直結している。

会社という小さな枠組みを外して、自分はいったいどうしたいのか、自分は誰の役に立ちたいのか、というのを考えてみてほしい。自分の人生の主役は、自分しかいないのだから。

☑ 人の判断を気にするのはやめよう

「失敗は経験」であり、あなただけの価値となる！

さて、ここまで、「自分の得意なことを知り、自分の立ち位置を明らかにしよう」という話をしてきた。

「自分の得意なことを、社会の中でどんな人に対して役に立てるのか」

そうやって自分が独立起業した際の大きな方向性について考える時間をつくった。

ここで、よく挙げられる悩みについて考えてみよう。入社5年目から独立起業を考えているというあなたも、きっとこの悩みは持っているはずだ。

「失敗するのが怖くて、二の足を踏んでいる」

独立起業というと、多くの人が「リスクが高い」「失敗したときの代償が大きい」というように感じているようである。確かに、必ず100%うまくいくなどと言えないものであり、そんな簡単なものではない、というのは事実である。

まず、重要なのは、**「なるべく失敗を回避するようなやり方で進めていく」**ということだ。

それは、本書で提唱しているように、これまでのキャリア経験から導かれた得意なことをベースに独立起業をする、という方法論に則《のっと》っていけば大丈夫である。

ただ、それでも失敗ということに不安や恐れを感じているというのであれば、そもそもの**「失敗ということの定義」を改めてみる**と良いだろう。

まずは、**失敗ではなく「経験」と捉える**こと。

そして、その**「経験」こそが、あなただけのとても大きな「価値」となる**のだ。

冒頭でも伝えたが、僕は会社員時代に大きな挫折を味わった。なぜ、こんな環境を選んでしまったのだろう、なんでこんなに自分には力がないんだろうと、そのときは人生の選択を誤ってしまったと思い、それこそ大きな「失敗」をしたと嘆いた。

ただ、今はそれがどうだろうか。そのときの自分の「経験」があったからこそ、今真っ只中でキャリアに悩んでいる人を、より良いキャリア選択ができるように導き、仕事として価値を提供できている。

シンプルにいうと、**「失敗＝経験こそ、仕事になる」**のだ。

これ以上、誰かが自分と同じように困らないように、失敗＝経験をした人だからこそ伝えられるということには非常に大きな価値がある。なので、失敗はムダではない。どんどん失敗して、経験値を大きくしよう。

☑ **失敗という経験を積もう**

「不得手なこと、苦手なこと」は、やってはいけない！

また、終始「得意なこと」について触れてきたが、逆に**「不得手なこと、苦手なこと、ムダなこと」**についても触れておこうと思う。

結論から言うと、**「不得手なこと、ムダなこと」はやらなくてもいい。逃げていいのだ。**

逃げてもいい――。こんなふうに言われると、少しネガティブなように感じてしまうかもしれないが、そんなことはない。

むしろ、**苦手なことやムダなことに取り組むことで、確実に独立起業はうまくいかなくなる。**

前述したが、独立起業するにあたって、多くの人が失敗を恐れているはずだ。そして、失敗してしまう一番の要因は、ズバリ「不得手なこと」をやってしまうからである。

第2章で、**得意なことを時系列で棚卸しし、その共通項をグルーピングしたと思うが、それこそが「失敗」を回避するための重要な考え方**なのである。

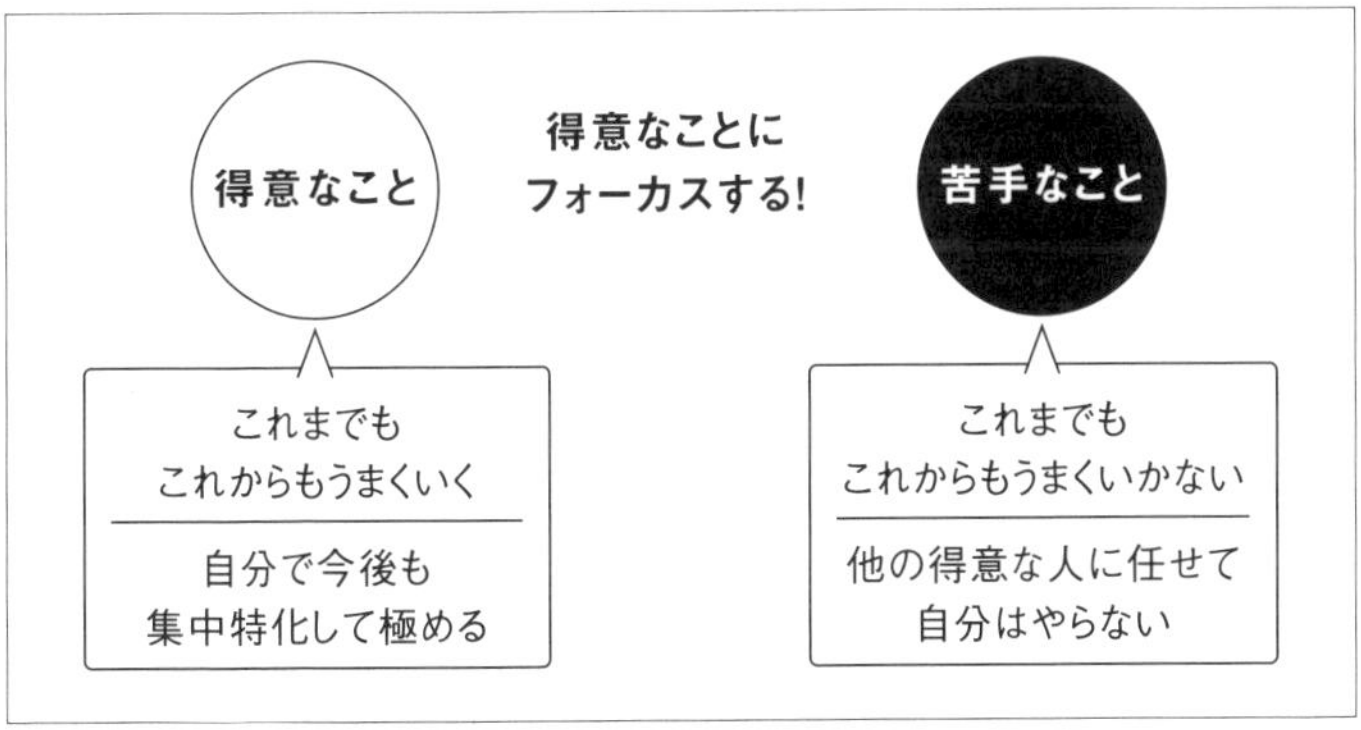

苦手なことをやめて、得意なことに集中する

結局、今までの人生の中で、「こういうことをするときにはうまくいく」というような成功パターンを自分で把握しておけば、これから独立起業して自分で仕事をやるときにうまくいく行動だけをとることができる。

つまり、その成功パターンとは真逆の**「こういう場合は大抵失敗する」という失敗パターンを回避すれば、独立起業での失敗は起きない**。その失敗パターンというのは、言い換えれば、自分の不得手なことをしてしまっているとき、ということである。

会社なら、言い渡された仕事で、自分に拒否権のないことであれば、たとえ不得手なことであっても、やらざるを得ない。

ただ、独立起業をして仕事をする場合は、そうではない。**自分の裁量で、全てを決めることができる。**自分の得意なことだけを選択して、仕事を進めていくことも実現可能である。

事務の仕事が不得手であれば、できるだけ事務仕事が発生しないような仕事にする、もしくは不得手な業務部分に関しては誰か別の人に任せる（外注する）など、不得手な部分をやらずにすむ方法を取ると良い。

僕はとにかく事務の仕事が苦手だ。書類整理や細かな事務的な作業の抜け漏れのチェックなどだ。事務仕事をすると考えただけでも億劫《おっくう》だ。こんな僕でも、不得手な仕事はもう一切やらないと決めて今は仕事をしている。

得意なことだけやって、苦手なことは人に任せる。仕事とは、それでいいのだ。

☑ 苦手な業務は人に任せよう

「キャリアの長期プラン」は、もう意味がない！

終身雇用が崩壊したことで、一つの会社で定年まで勤め上げるという、かつての成功モデルはなくなった。会社に入ってしまえば、最後まで面倒を見てもらえると思えば、多少の嫌なことがあっても我慢して、堅実にキャリアアップをしていくことが正解だとされていた。

何歳までに○○という職位につき、年収はこれくらいまで上がることが大体決まっている。何歳には住宅ローンを組んでマイホームを建てて……、こんな具合に将来までの長期でキャリアのプランを立てることができたのが、これまでの当たり前であった。

ただ、今は違う。**「キャリアの長期プラン」は、もう意味がない**のだ。

いつ何が起こるかわからない、不確実な時代。

社会のニーズもすぐに変化し、トレンドもめまぐるしく変わる。

働き方の常識も、数年スパンでコロコロと変わる可能性もある。

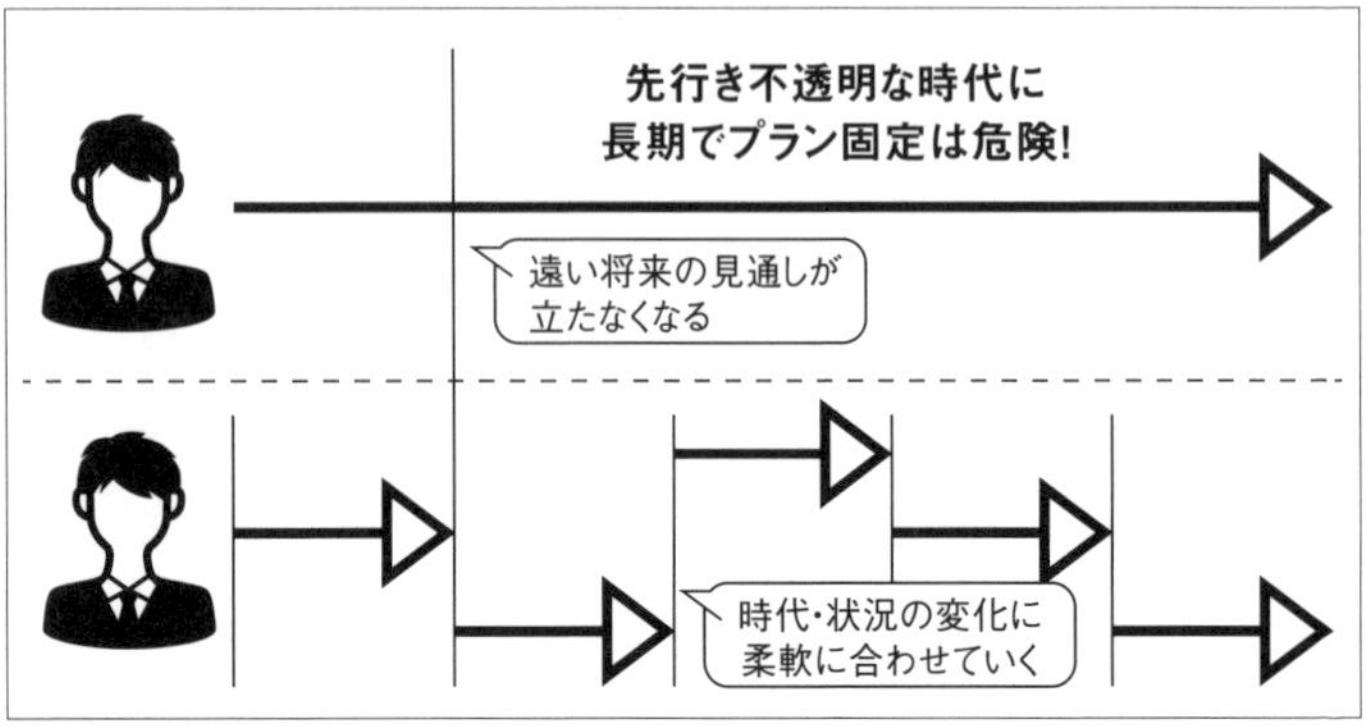
先行き不透明な時代に
長期でプラン固定は危険!
遠い将来の見通しが
立たなくなる
時代・状況の変化に
柔軟に合わせていく

長期プランを組まず、柔軟に短期プランで対応する

そんなときに、長期目線でプランを組んでしまっても、すぐに変更を余儀なくされる可能性が高い。長期で考えていたプランが、突然変更になった場合には、なかなか柔軟に変えることが難しい。

だからこそ、**「最初から変更ありきの短期的に変更がきくプラン設定が必要」**になってくる。

「世の中がどのように変化したとしても、すぐに対応できるキャリアはどうやったらつくっていけるのか」

それこそが今後必要になってくるキャリアのプランニングである。

会社にいなければ生かされないキャリアし

か選択できない自分であれば、また、もし未曾有の事態が起きて、その会社にそのままいることができないようなことがあれば、すぐにキャリアが断絶されてしまう。まさか、そんなことがあるとは思いもしなかった……と嘆くだけでは遅いのだ。

そうではなく、**「自分の得意なことを生かして、会社にしがみつくことなく、自分のチカラでキャリアを形成することができる自分」になっていれば、すぐに状況の変化に対応ができる。**

これからの時代は、変化しないことがリスクなのである。

☑ 短期で変更がきくキャリアプランを設定しよう

パクってうまくいけば、オリジナリティを出せばいい

あなたは、「学ぶ」という言葉の語源を知っているだろうか? 学ぶとは、「真似《まね》る」と同じ語源であり、自分が真似したいと思う人や事を「まねぶ」ことが、学ぶことの基本である。つまり、**最初は「誰かのパクリから入れば良い」**のである。

でも、実際にパクると聞くと、なんだか悪いイメージを持つのではないだろうか? 誰かがやっていることを真似するということは、自分のオリジナリティがないのではないだろうかと思うかもしれない。

でも、パクって全く問題はない。むしろ、**最初からオリジナルでやるほうが失敗するリスクを背負う**ことになる。

自分が参考にしたい、すでにうまくいっている人や事を最初は完全にパクる。うまくいっているものなので、それを徹底的にパクることができれば、うまくいくに決まっている。

最初にある程度パクった形でうまくいく流れができて初めて、自分のオリジナルな部分

を絡めていくことで、他の誰かのものでなく、自分だけのやり方に変わっていく。

僕のクライアントの相談事として多いのが、「最初から自分のノウハウのようなものがないので、商品サービスをつくることができません」という話である。僕からすればそんなのは当たり前である。

最初から、完全オリジナルのサービスなんてものはつくれない。僕自身も、自分のサービスを考えるときは、いつもすでにうまくいっているものを隅から隅まで研究し、良いところをパクっている。

成功する確率とスピードを上げるには、パクることが絶対である。

会社員から独立起業を確実に成功させたいという人であれば、パクリの重要性のみならず、「成功の確率アップと時間の有効な使い方」というのは絶対に押さえていくべきポイントである。第4章では、そのあたりについてまとめてみたので学んでほしい。

☑ 最初は真似から始めよう

第4章

「時間」の管理ができた者が成功する

自分も人も生かすタイムマネジメント力をつけよう

「時間がない」は、口が裂けても言ってはいけない！

第3章までで、自分の「得意」を知り、「立ち位置」を明確にすることで、事業の方向性を明らかにしてきた。これまでのキャリア・経験から、自分がどんなことで独立起業して仕事をつくっていけるのか、おぼろげでも良いので形は見えてきただろうか？

自分のやることが見えてきたとしても、入社5年目から独立起業を考えている会社員であれば、ほぼ間違いなくぶつかる問題がある。

それは、**「時間」との戦い**である。入社5年目ともなると、仕事の内容やレベルも高度なものとなり、会社でも中核を担っている存在であるため、いくら時間があっても足りない！　と感じてしまうほどの忙しさであるはずだ。

また、「働き方改革」によって、今まで通りの残業をすることが許されない状況となり、業務時間中の密度も相当に濃いものとなっているはずである。

そのため、会社での仕事が終わったら、疲れてフラフラになってしまうので、「独立起業に向けての準備に時間が取れるのだろうか……」と不安になっている状況かもしれない。

さらには、入社5年目ともなれば、結婚をして家族がいるケースも多いだろう。自分一人で全て自由に時間が使える状況とはまた違う。

ましてや、子どもがいる場合は、家族との時間を優先しようと思えば、なお一層自分の時間がない……、とジレンマを抱えているかもしれない。そこで、重要なことなので、あえてあなたに声を大にして言いたいのだが、**「時間はつくるもの」**である。

「時間がない」これは、会社員から独立起業を考えている人のNGワードだ。

次のステージへ上がるため、新しいことを始めようと思えば、当然時間がなければ無理である。

これから次のステージを目指すあなたには、今までと同じような時間の使い方から卒業して、**会社員から無理なく独立起業を成功させられる「新たな時間術」**を身につけてほしい。順々に、行動と時間を管理する上でのポイントを紹介していこう。

☑ 新たな時間術を身につけよう

「時間のコストパフォーマンス」を上げる3つのポイント

「時間をつくる」と言っても、どうすれば良いだろうか？　あなたのように、会社員として働きながら、限られた時間を活用して独立起業に向けての準備をしようと思っている人のために、「時間管理」のポイントをお伝えする。

まず、重要なのは、**「時間のコストパフォーマンス」を上げる**ということである。あまり聞き慣れないかもしれないが、これを「タイムパフォーマンス」を上げるという。

通常のコストパフォーマンスが「費用対効果」であれば、**「タイムパフォーマンス」は、「時間対効果」**ということである。

タイムパフォーマンスを上げるために重要なポイントを整理してみたので、まずはこれを押さえておいてほしい。

POINT❶ 自分の今の実力を正確に知ること
POINT❷ 取捨選択をすること
POINT❸ 自分の「時給」を上げると意識すること

まず、**POINT❶自分の今の実力を正確に知ること**。仮に、ゴールを会社から独立起業することとした場合、**「今の自分はそのゴールを達成するための実力（＝現在地）がどれくらいなのか」**を正確にわかっておく必要がある。

具体的にどういうことかというと、自分の能力やキャパシティを過大評価してしまっていた場合は、キャパ以上にやることを詰め込んでパンクしてしまい、結局時間を失ってしまうことになる。

また、必要十分な知識やスキルを身につけているにも関わらず、「自分にはまだ能力が足りない」と自己評価が低い人がいる。

そういう人は、もう必要ないのにたくさんの学びをしようとインプットばかりに時間を割いてしまって結果が出ず、結局、独立起業には至らない。

「自分の現在地を知る」ということは、どれだけ努力=時間を使えば良いのかを知るための第一歩である。

次に、**POINT❷取捨選択をすること。**つまり、「やらないことを決め、やることを絞る」ということだ。

時間は有限である。そんな中、何でもかんでもやろうと思っても絶対に無理だ。であれば、**「自分にとって本当に必要なやるべきことは何なのかを見定めて、そのことにだけ時間を使う」**ことが重要である。

前述したが、「必要ないことをやってしまう」というのが、特にこの独立起業をしようとしている人に多い時間管理のミスである。

まだ自分がどんな事業内容で進めていくのかということが明確になっていない段階にも関わらず、ホームページやSNSを使って事業内容のPRをする方法を学ぶのは、全くもって必要がない。

物事にはやるべき順番がある。やらなくていいことはやらないでいいのだ。

そして、**POINT❸自分の「時給」を上げると意識すること。**この本を読んでいるあなたには、ぜひ考え方を新たにしてほしいのだが、長時間働けば収入が上がるということは、必ずしも事実ではない、ということをインプットしておいてほしい。

普段、会社で残業代が手当として付いている人であれば、残業をすればするほど、来月もらえる給料がその分上増しされているはずなので、長く働けば給料が上がるというのは常識的な話である。

ところが、自分で仕事をするというのは、自分の時給は自分でコントロールできるのである。どれだけ働くのかも自由だし、どれくらいの単価で仕事を受注するのかも自由。そうであれば、**なるべく時間効率よく収入を上げていくことを目指そう。**

短い時間でより濃密に仕事をし、単価の高い仕事をする。そうすれば、短い時間で売り上げを上げることができ、会社での仕事よりもタイムパフォーマンス良く仕事ができるようになれば、結果的に会社から独立起業することができるのだ。

☑ 短い時間で単価の高い仕事をしよう

「時間の価値」に敏感になろう

「時は金なり」と言うが、まさにその通りであり、時間は最大の資源である。時間は人間全員に等しく与えられたものであり、それを生かすも殺すも自分次第である。

それくらい、**「時間に対する価値」を高めていれば、自分自身の時間に対しても厳しく扱うことができるのと同時に、周りの人の時間に対する感覚にも敏感に対応ができるようになる。**

ここで、あえて厳しいことを言うかもしれないが、**あなたの貴重な時間を奪うような人とは距離を置いたほうが良い。**

たとえば、あなたの上司や先輩でいないだろうか？　愚痴を吐きたいがための無駄な飲み会に連れていくような人は。また、友人知人でも、会えば毎回同じ過去の話題だけで盛り上がり、将来のことはあまり希望的に考えず、漫然と生きているような人は。

そのような人種は、将来に向かって自分を成長させようと思ってこの本を読んでいるあなたの大切な時間を奪ってしまう可能性が高い。

僕は、**独立起業を考え始めた段階から、会社の人から誘われるような飲み会関係は一切断ってきた。**正直、そのときの自分にとっては全くもって無駄なものだった。

その2～3時間があれば、自分をさらに成長させるための学びができるかもしれないし、有効な人脈をつくるための出会いがあるかもしれない。そんなチャンスを棒に振ってまで、そこに時間をかける必要はないとドライになっていた。それくらいの気構えでやってもいい。

失った時間は元には戻せない。よく考えて、人間関係も整理してみよう。

☑ 人間関係を見直そう

絶対に達成できる「行動目標」の立て方と達成のコツ

あなたは、目標を立てたものの、結局達成できなかった……となったことはないだろうか？　ダイエットで○○キロ痩せる、年内に○○万円貯金をする、など様々な目標を立てた経験があるだろう。

もし、「絶対に達成できる目標の立て方」を知ることができるとしたらどうだろうか？あなたがこれからチャレンジしようとしていることが叶うとしたら……。

それでは、「絶対に達成できる目標の立て方のルール」をお伝えする。これは、アメリカの学校では教えているところがあるほど、一般的にも知られてきた効果的なルールだ。

この目標の立て方のルールを『**SMART《スマート》ルール**』という。SMARTルールとは、以下のルールに当てはめるようにすると、目標が具体的かつ明確に定まることで、必ず達成できるようになる、というものだ。

S…具体的である Specific
M…測定可能である Measurable
A…達成可能である Attainable
R…価値観と一致している Relevant
T…期限がある Time-sensitive

たとえば、「会社を辞めて独立起業がしたい」と言うだけでは、ほとんどがその目標は達成できない。むしろ、それは目標とは言えず、儚《はかな》い夢といったほうがいいかもしれない。なぜ目標が達成できないのか。それは**ゴール（目標）が曖昧だと、具体的な達成までのプランがつくれないからだ。**


ＳＭＡＲＴルールに基づいて目標をつくると、たとえば、

「○○という事業で、２０２０年12月25日までに目標売り上げ金額５００万円を達成させて、会社を辞めて独立起業する」

となる。ゴールが具体的で、期限も明確になっているので、具体的なプランがつくれて行動しやすくなる。

ただ、一つ注意する点が、目標を明確にカチッとつくったほうがうまくいく人もいれば、逆に目標を固めすぎてしまうとプレッシャーとなり、本来の力を発揮することができずにうまくいかないという人もいるということだ。

実際、僕自身のことを言うと、あまりにもきちんとしすぎる目標をつくってしまうよりは、ある程度ザックリとした目標設定にしたほうが、結果が出るということもわかっている。そのため、自分自身の行動目標を立てるときには、あまり縛りすぎないようにしている。

同様に、今まで数多くの独立起業の相談を受けて、目標設定に関しては色々なパターンを見てきたが、目標設定の方法がどれくらいきちんとするべきなのかは人によって様々である。今までの自分の行動パターンから分析して、自分はどちらのパターンの人間なのかを把握して柔軟に動いてみてほしい。

☑自分の行動パターンを分析しよう

自分が活動するのに得意な「時間帯」を把握する

あなたは「朝型」、それとも「夜型」のどちらだろうか？　会社員として日中勤めながら、独立起業の準備に時間を充てるとすれば、本業が始まる前の朝に行うのか、本業が終わった後の夜にするほうが良いのか、自分はどちらのほうが、パフォーマンスが上がるかを把握しているだろうか。

よくテレビや新聞、雑誌などで、「朝に活動をするほうがパフォーマンスは上がるため、できる人は朝に活動をしている」などといった特集を見たことがあるかもしれない。さらに、睡眠をしっかり取るためには、早めに眠ったほうがいいという話もよく聞く。

では、誰もが朝型の行動を取ったほうが良いと言ってしまっていいのだろうか？

それこそ、どちらがいいかと聞かれると、**「自分の得意な時間帯を把握すべきだ」**と答えている。

いくら朝早く起きたいと思っても、なかなか早く目覚めることができない人もいる。生活リズムが既にでき上がっているようであれば、それを無理に崩さないほうがいい。

僕自身の場合を言うと、完全に夜型人間である。朝と夜、どちらが活動的になれるかと言うと、絶対に夜だ。それは独立起業した後の現在でもそうだが、会社員時代でも同じだ。会社員として日中勤めながら、副業として活動を始めていたときも、とにかく夜の時間に活動をメインで行っていた。

残業を20時半まで行った後、すぐに副業の活動時間に入る。見込みの顧客候補の人と面談をしたり、様々な人との交流をしたりする営業活動が終わり、終電で自宅に帰ってからも資料の作成や営業トークの練習をひたすらするなどして、深夜2時くらいまで毎日のように活動をしていた。夜遅い時間になっても、時間を忘れてひたすら副業活動に没頭できていたので、自分の得意な時間帯は夜の時間帯であると認識している。

あなたの得意な時間帯は「朝」だろうか？「夜」だろうか？　どちらにしろ、自分の得意な時間をしっかりと把握して、その時間に最大のパフォーマンスが上がるように行動していくことが大切だ。

☑ パフォーマンスが上がる時間帯に活動しよう

「睡眠」をしっかり取るための時間管理術

会社員としての仕事を終えてから、独立起業に向けて時間を使おうと思うと、どうしても夜の時間帯になってしまい、睡眠時間が削られてしまうことになる。

ただ、睡眠時間をあまりにも削ってしまうのは、全くもってお勧めをしない。睡眠時間を削ると、結果的に日中の仕事の生産性が確実に下がるからである。

テストで一夜漬けをして臨んだことがある人はいるだろうか？　実は、あのテストの一夜漬けというのは、非常に非効率な勉強方法であり、逆にテストの点数を下げることになるのだ。仕事においてもそれは同じようなことが言える。

睡眠時間が少ない状態で、日中仕事をしていると、どうしても眠気が出てしまい、パフォーマンスが上がらない上に、イライラしやすくなるという心理的な問題も出てくる。

些細《ささい》なことでイライラしてしまって、仕事関係だけでなく、家族内でもトラブルが起きやすくなってしまうのだ。

一番理想的なのは、独立起業に向けて活動するために、「一日あたりこれくらいの時間を使うというのを無理なくきちんと設定し、毎日コンスタントに進めていく」ことだ。

もし仮に、本業が忙しくなって帰宅時間が遅くなった場合には、あまり無理をせずに、他の日にやるべきことを回すことで、身体的な負担を少なくすることも考えてほしい。そして、しっかりとした睡眠を取ることで、結果として成果に直結するのである。焦らず、やるべきことを着々と進めよう。

☑ 毎日の独立起業に向けた活動時間を決めよう

「スキマ時間」をいくつもつくり、徹底的に活用する

入社5年目から独立起業を考えているあなたは、日々の業務も忙しく、家に帰っても家族との時間などで、なかなかまとまった時間を生み出すことが難しいと感じるかもしれない。

そうなったら、まず手をつけるべきポイントは、**「スキマ時間」の徹底活用**である。「スキマ時間なんて」と甘く見てはいけない。会社員のあなたが生み出せるスキマ時間とは、以下のようなものを指すのだ。

- 自宅から駅までの徒歩時間（行き・帰り）
- 電車での通勤時間（行き・帰り）
- 外回りの営業中の営業車での移動時間
- 入浴時間

●いつもより朝1時間早く起きて朝活をする
●いつもより夜1時間遅くまで起きて夜活をする……など

こういった、**ほんの些細な時間もムダにしない**ようにするのである。自分の生活を見直して、可能な限りスキマ時間をつくり出そう。

自宅から駅までの徒歩時間でいうと、片道たったの10分かもしれない。ただ、このたったの10分であっても、その間にたとえば、直近面談予定の商談のシミュレーションをしながら、ブツブツと喋《しゃべ》りながら歩くだけで、しっかりとしたアウトプットの時間になる。

また、外回りで30分の時間ができたり、電車での通勤時間が片道1時間以上の人もいるだろう。

そこでうたた寝をしたり、スマホを見たり、音楽を聴いたりするのではなく、独立起業に必要なインプットをする自学の時間に充てるだけでも、かなりの学習時間を割くことができる。

そのためにも、**「10分、30分、1時間といった、時間ごとにできる行動や作業をあらかじめ用意しておく」**と、慌てずに有効に時間を活用できるのだ。

僕は、とにかくこういったスキマ時間を山ほど活用してきた。少しの時間もムダにしないようにという意識でいたため、忙しい毎日でもかなり充実した日々を過ごすことができた。

さらに、個人差はあるので、どちらが自分に合っているかは確認してもらいたいが、**朝か夜か、たった1時間だけでも独立起業に向けての準備の時間に割いてもらいたい**。そんな小さな努力が、積み重なって、予想以上に大きな成果につながるのだ。

☑ 時間ごとの作業を用意しておこう

スケジュールを「見える化」すれば、さらに時間がつくれる

あなたは、自身の予定や時間管理をどのように把握しているだろうか？　もし、スケ

ジュール帳やスケジュール管理アプリなど何も使っていないという場合は、今すぐに手帳を買うか、アプリを活用してもらいたい。シンプルなことであるが、とても重要である。

紙の手帳がいいのか、アプリがいいのか、どちらのほうがいいか迷われる場合があると思う。まずは実際にどちらも使ってみて、使い勝手がいいほうを選ぶと良いだろう。

スケジュールを手帳やアプリで管理することの重要性は、「見える化」することで、さらに時間を捻出することができるということである。

きちんと把握していなければ、まだ自分に余力があるのか、それとも限界なのかが週間でも月間でも把握できない。それをきちんと見える化することで、時間を捻出することができるのである。

スケジュールを立てる上で重要なポイントをいくつか紹介する。僕自身は、この方法でスケジュール管理を徹底したことで、家族との時間を最優先にしながら、月の半分は休みながらも、会社員時代の年収の20倍以上を実現した。

その時間術は、全国放送のテレビや新聞にも多数紹介されるほどだ。驚くほどシンプルで拍子抜けするようなことだが、徹底できるかどうかであなたの時間効率が上がるかが決まる。以下のポイントを押さえてほしい。

POINT❶ 家族やプライベートの時間をまず先に埋める
POINT❷ アポイントを入れる時間枠を先につくり、そこに予定を埋める
POINT❸ 予定のグループごとに色分けする

まず、**POINT❶がとても重要である。「独立起業にかける時間、仕事の時間よりも先に、家族やプライベートの予定を先に入れてしまう」**ということである。

実は、**時間に制限があるという条件下のほうが、人間はパフォーマンスが上がる**のである。変に時間にゆとりがあるほうが、まだ大丈夫だろうとたかをくくってしまうことで、結局生産性は下がってしまう。

また、仕事を優先しすぎてしまうと、せっかくの家族との時間などを蔑《ないがし》ろにしてしまって、本末転倒な事態を引き起こしてしまいかねない。大事なことであるので、必ず実践しよう。

次のポイントは、アポイントを入れる時間枠を先につくり、そこを埋めるということであるが、これは先ほどの**POINT❶**と重なる部分がある。

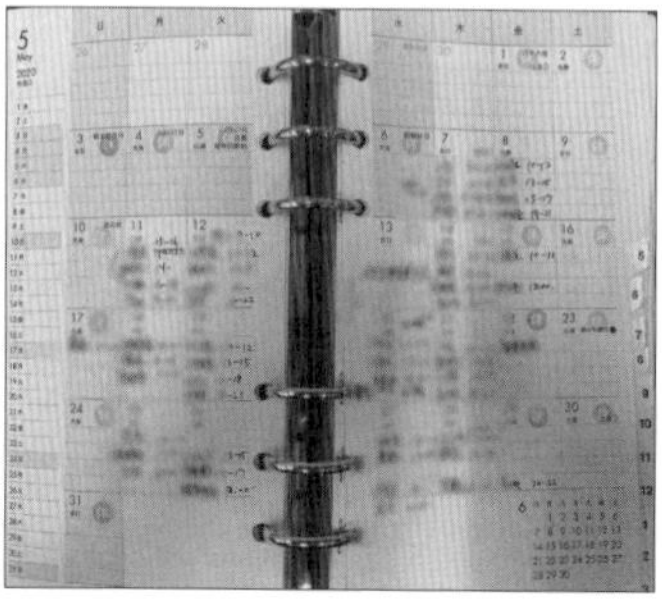

収入と余暇時間を
同時にアップさせる
徹底された時間管理術!

①家族やプライベートの時間を先に
②仕事の時間枠を作って埋める
③予定ごとに色分けする

スケジュールを「見える化」する

POINT❶が、「ここは仕事をしない時間」という枠の指定だとすれば、この**POINT❷**は**「ここには絶対に仕事を入れる時間」という枠の指定**である。

何も指定のない自由な枠ほど持て余すものはない。きちんと枠の役割を指定してあげることで、そこには何がなんでも仕事を獲得してくるのだ、というコミットになる。こうすることで、高い確率で仕事が埋まってくるのだ。

最後の**POINT❸は、予定の色分け**である。たとえば、手帳であれば黒色のペンで予定の概要だけを書かれていても、パッと見てどんな予定なのか、何が重要な予定なのかというのはわかりにくい。

これでは、もし予定がバッティングしそうになったときに、どう優先順位をつければ良いかわからない。また、月間を通して仕事が順調なのかどうかもパッと見わからない。そんなときに、この予定の色分けが効果を発揮するのだ。

手帳であれば、蛍光ペンでカラーを複数用意する。アプリであれば、複数の色指定を使い分けることで、予定の色分けをすることができる。

たとえば、家族・プライベートの予定をピンク色、新規の面談を緑色、既存のお客さんの対応を黄色、外部の打ち合わせや勉強会を水色……などという具合に、**予定のグループによって色を分けていく**のだ。

こうすることで、1カ月の予定全体を俯瞰してみて、「今月は新規の人との面談のアポイントが少ないから、もっと新規先への営業を頑張ろう」「家族との時間をもっと入れてもいけそうだな」などと、全体の調整を図ることができる。こうすることで、仕事面でもプライベートでも時間を有効に使えるようになるのだ。

☑ プライベートの時間を最初に決めよう

第5章

「コミュニケーション力」を磨いて良好な人間関係をつくる

自分も相手も同等の関係を築こう

肩書きや立場に関係なく、「同等の関係」での意思伝達を行う

これまで、あなたがどんなことで独立起業を実現させることができるのかを知り、それを計画的に実現するための時間と行動の管理術について述べてきた。

ここからは、実際に仕事をする上で欠かせないスキルである「コミュニケーション力」について触れていこうと思う。

まずは、今の自分をよく振り返ってほしい。会社員として働いているときのあなたのコミュニケーションの仕方は、**「職場の誰かに気に入られよう、波風を立てないということを重要視し、自分の本音を隠しているコミュニケーション」**を取ってはいないだろうか？

単刀直入に言うが、そのコミュニケーションのやり方では、独立起業して業務を円滑に

回していくのは難しい。

なぜか？　それは、独立起業して事業を行うというのは、自分が一国一城の主であるということなので、誰かに媚《こ》びへつらったりする必要はないからである。

また逆に、自分が偉くなった気分になり、蔑《さげす》むような態度を取ってもいけない。**「自分も相手も同等の関係」**という気持ちでコミュニケーションを取るのが良い。


独立起業するというと、文字通り「独立」と捉え、自分一人で全てを進めていけば良い、と思っている人もいるかもしれないが、全く違う。**お客様、ビジネスパートナー、指導してくれる人、家族……、様々な人間関係の中で動いていく**ことになる。

お客様とは良好な関係をつくることで、継続的にサービスを受けてもらえる上、自分の周りの人を紹介してくれる可能性もある。

ビジネスパートナーとは、互いに意見を出し合うことで、より事業を発展させられるアイデアが生まれたり、連携ができたりする。

指導をしてくれる人とは、コミュニケーションを密に行うことで、親身になって指導していただける関係づくりができる。

家族とは、仕事を全面的に応援してもらえる、一番の理解者となってもらえる。

あなたの独立起業を成功させるかどうかのカギは、こうした人たちとの良好なコミュニケーションが取れるかどうかなのである。

☑ 成功は、人間関係がカギだと知ろう

コミュニケーション能力が高いとは、「社交性が高い」ことではない

よく「コミュ力（＝コミュニケーション能力）が高い／低い」と言われるが、この「コミュ力が高い」ということを多くの人は誤解をしている。**「コミュ力が高い人」とは、「明るく、社交性が高い人」のことを指すと思ってはいないだろうか？**

確かに、そういった「明るく、社交性が高い人」をコミュニケーション能力が高いというのも間違ってはいない。では、反対に「物静かで、社交性の低い人」はコミュニケーション能力が低いのだろうか？

答えはＮＯだ。コミュニケーション能力と一口に言っても様々な捉え方があるが、「物静かで、社交性の低い人」もコミュニケーション能力が高い場合もある。

明るく、どんな人でも社交的に話をすることはできなくとも、目の前の人の話をじっくりと聞き、その人と親密なコミュニケーションを取ることができれば、十分にコミュニケーション能力は高いといえる。

事実、僕自身のことを言うと、「物静かで、社交性の低い」部類の人間に該当する。4人以上のグループで会話をしようと思うと突然静かになるし、パーティや飲み会などの大勢で交流をするというシチュエーションがあれば、かなりパニックになるほうだ。

できれば、そういった社交性が求められるようなところには顔を出したくないくらいに億劫《おっくう》だと感じる。それくらい、社交性ということに関して言うと、かなり欠落していると自分も認めているし、僕のことを知っている人であれば頷《うなず》くだろう。

ただ、そんな社交性の低い僕ではあるが、一対一のコミュニケーションに関しては、誰にも負けない自信がある。しっかりと目の前の人の話を聞き、相手の悩み解決をしていくこともできる。

僕自身、自分のそういった特性をわかっているため、独立起業を考えたときには、大勢の前で何かをしたり、不特定多数の人と同時に関わったりするようなコミュニケーションが重要視される仕事ではなく、一対一でじっくりと目の前の人と関われるような仕事をしようと決めて動いたため、うまくいった。

実際、試しに大勢の人と交流するような、異業種交流会や経営者の集まるパーティと言われるようなものに何回か参加してみたことがあるが、仕事にうまくつながることも少なければ、心身ともにズタボロに疲弊して終わるという悲惨なことになったため、もう一生行かないと心に強く決めたほどだ。

独立起業を成功させるには、もしかしたら社交性が高くなければいけないのではないか、と危惧している人もいるかもしれない。いつでも明るく振る舞わなければならないと感じている人もいるかもしれない。

安心してほしい。こんな社交性の低い僕でも、全く問題なく成功できている。あなたがどれだけ社交性が低く、物静かな人であっても、独立起業してうまくいく確率はけっして低くはないのだ。

☑ 自分のコミュ力の特性を知ろう

言葉の力は、自分にも周りの人にも大きな影響を与える

あなたは、普段自分の発言や口ぐせを気にしたことはあるだろうか？　もし、「できない」「無理だ」などのようなネガティブな言葉を使いがちな人なら要注意だ。

そのような言葉は、自分の可能性を奪うことになる。

「言葉が思考をつくり、思考が人生をつくる」

言葉とは、自分の頭で考えていることが表面に出てきたものであるため、言葉によって思考がつくられる。そして、どんなことを考えているかという思考によって、自分の歩む人生がつくられるのだ。

どんな言葉を使うかによって、自分の考えや行動が変わるのもそうだが、それだけではない。周りの人にも、自分の言葉は大きな影響を与える。

言葉というのは、「諸刃《もろは》の剣《つるぎ》」だ。人を勇気づけたり、幸せにすることもできる反面、傷つけたり不幸にすることだって簡単にできる。

自分だけでなく、周りをプラスにするためにも、日々言葉を磨いていくことが重要だ。

言葉を磨くために必要なのは、インプットとアウトプットを何度も重ねることである。

言葉のインプットに間違いなく欠かせないのは、「読書」である。

驚くべきことに、日本人の年間読書冊数は平均6冊未満だという。2カ月に1冊読むか読まないかというレベルである。年間1冊未満という人は、全体の6割にも及ぶという。

また、年収が高い人のほうが、圧倒的に読書量が多いというデータも出ている。このことから、読書はその人の年収レベルを引き上げることができるということだ。

読書量を増やし、言葉を磨くことで、世界を変えることができるのだ。

☑ 言葉を磨くために読書をいっぱいしよう

リモートワークには、丁寧なロジックが必要である

働き方が多様化したことや、さらには新型コロナウイルスの影響により、リモートワークがもはや当たり前の時代になってきた。

決まった時間に、決まったオフィスに出勤して、決まった時間に家に帰るという、今までの当たり前が一気に変化した。

パソコン、タブレット、スマホさえあれば、いつでもどこでも誰とでも仕事ができるリ

モートワーク——。
あなたが今まで通りやっていた仕事も、急にリモートワーク対応を迫られ、混乱してしまったかもしれない。ただ、これからの時代の働き方は、リモートワークに対応できて当たり前となっていく。

既に体感済みの人も多いかもしれないが、WEB会議システムを使っての打ち合わせや商談をした場合には、今まで対面で人と会話していた感覚とは異なる。

明らかに違和感があるはずだ。**「伝えようと思ったことが、なんだか伝わりにくい……」**そんな感覚だろう。


コミュニケーションは、様々な感覚をフルに生かして行っている。視覚、聴覚、体感覚……。

目の前で直接話をしていれば、より多くの情報が舞い込んでくるが、パソコンの画面を通して会話をすると、直接話をするのと比較すると、かなり差し引かれた状態で情報を受信することになる。

そのため、リモートワークでコミュニケーションを取る際には、しっかりと相手に伝わりやすくなるようなロジックが必要になる。つまり、**「わかりやすく、論理的に喋れるよ**

うな工夫が必要」だということである。

これまで感覚的な部分でなんとかなっていたコミュニケーションが通用しなくなり、これからはより論理的に伝わるコミュニケーションが重視されてくるということだ。

あなたの話は伝わりやすいだろうか？　今一度自分を見つめ直してみよう。

☑ 論理的な伝え方を身につけよう

文章で商品サービスを売れるようにする

コミュニケーションとは、口頭で伝えるコミュニケーションだけでなく、文章でやり取りする場合もコミュニケーションであるといえる。ここからは、文章によるコミュニケーションに触れていきたい。

独立起業をして事業を行う上での文章によるコミュニケーションは、自分の商品サービスのPR・広告などの際に必要になってくる。

SNSやホームページ（HP）などWEB媒体を使って活動することは当たり前になっている時代に、文章を通して、「その商品サービスがほしい！」と思ってもらえるようにすることができないのはかなり痛い。

では、どういったポイントを意識すれば、文章だけで相手に商品サービスを買ってもらえるようになるのかをお伝えする。

POINT❶　文章を届ける相手が誰かを明確にする

POINT❷　大事なことは最初に書く

POINT❸　相手が得たいことがイメージできるように書く

まず大切なポイントは、**「文章を届ける相手が誰なのかを明確にする」**ということだ。

SNSやHPなどWEBを介して、不特定多数の人に情報を届けようと思った場合に、特に重要になってくる。

WEB上でパッと出てきた情報が、自分に関係のあることだと思わなければ、誰も見向きもしてくれずにスルーされてしまう。

「この文章は自分のためにある文章だ！」と見た人がきちんとわかってくれるよう、誰のための情報・商品サービスなのか、パッと見てもわかるように意識することだ。

次に大切なポイントは、**「大事なことは最初に書く」**である。文章は一番最初から最後まで順番に読んでいくものであるが、忙しい現代人にとって最後の最後まで文章を読んでもらおうと思うのは無茶なお願いである。

もし、文章を読んでもらって、商品サービスに興味を持ってもらおうと思うのであれば、大切なことは最初に書いて印象を残し、そこでグッと心をつかむようにするのだ。

最後に、**「相手が得たいことがイメージできるように書く」**ということも重要だ。どうしてもやってしまいがちなのだが、自分たちの商品サービスの良さをこれでもかとアピールしてしまうということはNGだ。

人は商品サービスそのものには興味はない。この商品サービスを受けて、「自分はどうなれるのか・何が得られるのか」が一番知りたいのだ。

あなたの商品サービスによって、どうなれるのかを明確に言葉にしよう。それだけで、あなたのお客様候補の人はすぐに振り向いてくれる。

☑ **短時間で相手の興味を引く文章を書こう**

「モノ」を売るな！「体験」を売れ！

ここに全く同じような商品サービスの提案をしてきた二人がいるとする。

一人は、自分の持っている商品サービスがいかに優れているのかをすごく細かく伝えてくる営業マンである。

もう一人の営業マンは、こちらの話をたくさん聞き、自分にとってこの商品サービスがどう役に立つのかをイメージさせてくれるような提案をしてくる営業マンである。
さて、あなたはどちらの営業マンから商品サービスを買いたくなるだろうか？
きっとあなたも、後者を選んでいるはずだろう。なぜなのか？
理由は、**前者の営業マンは「モノ」を売っているのに対し、後者は「体験」を売っているからである。**

会社から独立起業し、自分で商品サービスを売っていく場合は、絶対に後者の「体験」を売らなければ成功しない。

具体的にどういうことかというと、「モノ」を売っているというのは、相手がどんな人だろうと関係なく、商品サービスのスペック（機能性・メリット）がいかに良いのかを伝える売り方である。これをいわゆる「商品売り」と言う。

大事なことなので繰り返すが、この「商品売り」では、独立起業してからはうまくいかない。ただ一方で、この「商品売り」でもうまくいくケースが実はある。それは、「会社のブランド」がある状況の場合だ。

独立当初、僕自身も例に漏れず、この「商品売り」の呪縛にかかっていた一人であった。僕は、銀行員時代に投資信託や生命保険などの金融商品の提案を顧客にしていたのだが、そのときはまさに「会社のブランド」を利用して販売をしていた。

自分は大手の銀行のブランドがあるからお客様から信用されるだろうと、会社の看板にあぐらをかいていた状態だった。

そんな「商品売り」のやり方に慣れきっていた僕は、会社を独立したことによって、会社のブランドで提案することができなくなり、どうすれば良いのか全くわからなくなってしまった。

「自分には、会社のブランドというお客様から信用を得るための武器がなくなってしまった……」

この本を読んでいるあなたも、もし今の会社で営業をしている場合に、会社のブランドを利用したり、商品のスペックを中心に提案したりするような「商品売り」をしてしまっているとすれば、今すぐ見直してほしい。

これから独立起業して成功するために必要なのは、「体験」を売るということである。

「体験」を売るというのは、商品サービスを使ったことによって、どんなことが得られるのか、どうなれるのかという、いわゆる**「ベネフィット（利益・恩恵）」を相手に感じてもらうように伝える**ことをいう。

「体験」を売るために必要なのは、「会社のブランド」でも「異様に高いスペック」でもない。相手がどんなことを望んでいるかを深く知り、商品サービスを使うことでそれを実現させてあげられるということを徹底的に考えてあげることである。

☑ 商品サービスによるベネフィットを相手に伝えよう

AIにはできない感情・情操を磨く

ＡＩの急激な進化によって、今ある仕事の多くが奪われるという話が取り上げられるようになって久しい。では、僕たち人間はそんな状況を受け入れるしかなく、何も抵抗できないのだろうか?

まず、AIに代替されやすい仕事というのはどんなものがあるのかというと、簡単に言うと、単純作業や正確さが重要視されるような仕事である。誰がやっても同じ結果が出ることが良しとされる機械的な仕事がそうである。

AIにはできない、人間だからこそできることは確実にある。その1つが、**「感情を扱う仕事」**である。もちろんであるが、AIは人間の感情を細かく感じることはできない。人間は一人一人個性がある。感情の起伏も千差万別である。そのため、完全にパターン化することができないため、AIが完全に代替することはできないのである。

また、AIが苦手なこととして、**無から有を生み出す「創造力」を要する仕事**は絶対に代替されない。決められたルールの範囲内の仕事しかできないAIには、複雑な感情を持つ人間の心に響くようなものを生み出すことはできない。

総合すると、AIの脅威に打ち勝ち、独立起業してもうまくいく仕事とは、本書で紹介している、これまでの**キャリアや経験などから出てきた「得意なこと」を生かす**こと。特に**「教える」ことに重点を置いた教育事業やクリエイティブな仕事**だといえる。ただ単純に知識やノウハウなどを教えるだけでなく、あなたがこれまで体験して感じてきた感情も含めて、伝えて教えることで、絶対にＡＩに負けない仕事となるのだ。

☑得意なことを、「感情」を交えて教えよう

時には「ハッタリ」を言うことで、自分の大きな成長につながる！

「嘘はダメだが、ホラは良い」


せっかくなので、この本を読んでいるあなたには覚えておいてほしいフレーズである。

そもそも、嘘とホラというのはどう違うのか？

一言で言えば、**「嘘」というのは、完全にゼロのことをあたかも１以上に言う**ことであり、

「ホラ＝ハッタリ」というのは、わずか1でもあることを、それ以上に膨らませて言うことである。


なぜ、こんな話をするのかと言うと、あなたの独立起業を成功させて大きく飛躍してもらうためには、誤解を恐れずに言うと**「ハッタリ」をどんどんと言ってほしい**からである。

たとえば、自分が進めている事業があるとして、自分の自己評価を上回るような仕事の依頼があった場合、ふつうなら、今の実力以上の無理な仕事の依頼は断るほうがいいと思われるかもしれないが、そこで「ハッタリ」を言うのだ。

もちろん自分の実力を超える仕事であるので、最初は絶対に無理と思って腰が引けてしまうかもしれない。

でも、相手に公言してしまったことを達成するために、そこから努力して実力をつけて、結果的に当初はクリアできなさそうだった仕事もこなせるようになるのである。


僕も独立当初は、この「ハッタリ」を使いまくっていた。まだ、会社員をしながらで実績も何もない自分が、仕事を取ってくるためには、どうしても「ハッタリ」を言うしかない場面もたくさんあった。

最初は、もちろんビビっていた。

「そんな大きな話を言ってしまって大丈夫なのだろうか？」

ただ、「ハッタリ」を言って、本当に仕事を取ってしまったら、絶対にやらなければならないというコミットが入るので、結果的にうまくいった。

あのとき、僕も「ハッタリ」を言わなかったら、実績をつくることができず、今のような状態まで成長することもできなかっただろう。

自分の限界点以下の仕事ばかりを受けていては、結局自分の成長はない！

時には、自分の実力を超える仕事を「ハッタリ」を言って引き受けることで、ビジョン達成に向けて一気にステップアップできるのだ。自分にハッパをかけよう。

☑ 今の実力以上の仕事を請け負おう

第6章

「人を巻き込む力」こそ、ビジネス発展の要

あなたの大きなビジョンに、人もお金も呼び込もう

求心力があれば、チームのパワーは増大する

第5章では、仕事を進めていく上で必須のコミュニケーション力にフォーカスを当てて伝えてきた。コミュニケーションといっても、一対一で行うようなコミュニケーションもあれば、一対複数で行うコミュニケーションもある。

ここまでは、どちらかというと、一対一でのコミュニケーションをどのように意識づけることが独立起業を成功させる上で重要なのかに重点を置いてきたが、そこからさらに発展させ、仕事のスケールを大きくするための、「人を巻き込むコミュニケーション力」について触れていこう。

そもそも、あなたは「リーダー」とはどういうものだと捉えているだろうか？

まず、**独立起業をするということは、たった一人で何かの事業を始めたとしても、あなたは「リーダー」となった**ことだと認識してほしい。

独立起業して会社という枠組みから外れ、社会という大きなフィールドで自分の価値を証明できるようになった時点で、すでにあなたは「リーダー」である。

急にそんなふうに言われても、もちろん気負う必要はない。「リーダー」の在り方というのは、人それぞれ全然違う上、実際に複数人で事業を行って、実務的にもリーダーとしていきなりチームを引っ張っていく必要ももちろんない。むしろ、最初から複数人で何かスタートしようとするほうが失敗するリスクが大きい。

これまでも度々紹介してきたが、独立起業を失敗させないためのポイントがあるのだが、ここでも一つ紹介したい。それは、**「小さく始める」**ということである。

「小さく始める」というのは、様々な点で意識する必要がある。ここで伝えたいのは、最初は絶対に**「一人で始める」**のが良いということだ。

一人で始める一番のメリットは、何よりも**「行動の意思決定がスムーズで速い」**ということである。

もし、複数人で始めようとすれば、全員で意見を一致させて、誰が何をどうやるのか、重要なお金の面はどのように分配するのか……などと、色々と決めるべきことが山積みで、

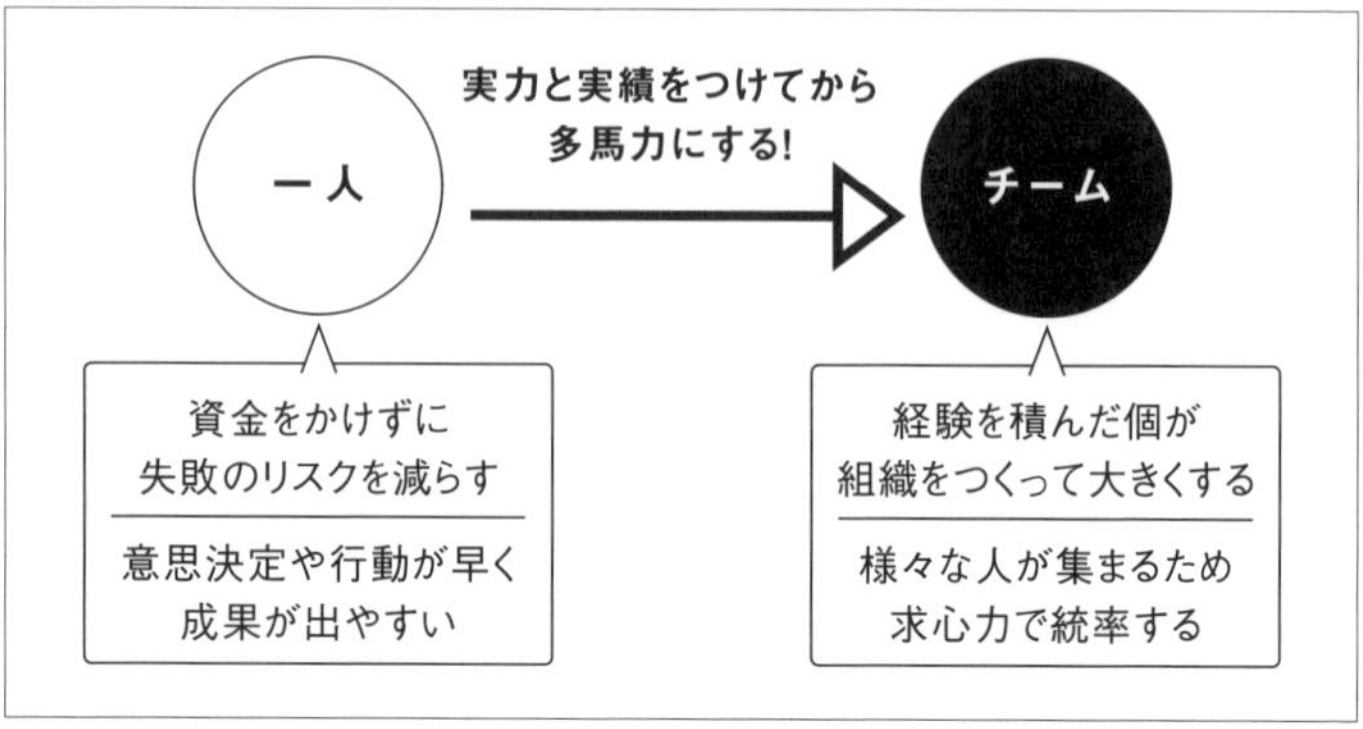
実力と実績をつけてから
多馬力にする!
一人
チーム
資金をかけずに
失敗のリスクを減らす
意思決定や行動が早く
成果が出やすい
経験を積んだ個が
組織をつくって大きくする
様々な人が集まるため
求心力で統率する

最初は小さく一人で始めて、後から大きくする

結局進展しないこともあれば、最悪ケンカ別れをするということも十分にありえる。

最初から、複数人で動こうとして失敗した人たちをこれまで山ほど見てきたので、絶対にお勧めしない。

まずは自分一人でスタートし、しっかりと実力と実績をつけること。そうすることで、あなたの周りには人が寄ってくる。そうすれば実際に、複数の人を巻き込んでチームをつくって事業を行っても成功する。これまでに身につけた実力が求心力となり、あなたのつくるチームは大きく成長するだろう。

☑ まずは、一人から始めよう

個の時代は終わり、相互シェアの時代になる

「個の時代」になると言われて久しい。ただ、この「個の時代」という言葉を間違えて捉えてはいけない。個人が好き勝手にできるわけでもないし、一人で孤独に戦うという意味でもない。そして、これから「個の時代は終わり、相互シェアの時代になる」とはどういうことなのか、詳しく見ていこう。

先ほどの話とリンクさせると、あくまでもベースは個人で動くのだが、個人がたった一人で何かをやるということにはすぐに限界が来るため、同じように**「個人で動いている人同士がちょうど良い距離感でつながり、互いに知識やスキルなどを共有する」**ことが、これからの時代は大切だということである。

完全に個人で動くことよりも、相互にシェアをしていくことがより重要になってきた要

因の一つが、「新型コロナウイルスの感染拡大による影響」だ。実際に感染症拡大防止のために様々な対策が練られたこともあり、結果として働き方の面でも大きな影響が出た。

オフィスに出社するのが当たり前だったのが、リモートワークが推奨されるようになったというのは、プラスに考えれば非常に効率的といえるのだが、**マイナスの影響としては、人との直接接触が自粛されるようになった**ということが挙げられる。

サービスの提供側からしても、感染原因になったとされてしまった場合のリスクを取ることもできないし、顧客側からしても緊急を要しない人との接触はなるべく避けようとする。

会社員として働いている人も、独立起業し自分で事業を行っている人も、同様に影響は出ているのだが、リスクを自分で全部責任を取らなければならない、独立起業している事業主のほうがかなり影響を被《こうむ》っている。顧客との接触を断たれてしまっては、売り上げを上げることができなくなるため、死活問題である。

そんなとき、相互にシェアできる環境をつくられている人は大した問題にはならなくてすむ。完全に個人プレーでやっている人は、顧客と接触ができないため、身動きすら取れない状況である。

ところが、**相互でシェアできる環境をつくっている人は、互いの信頼のもとで顧客や人**

脈の紹介をし合うことができるので、接触するチャンスが生まれやすい。

また、困ったときにアイデアや知見を共有することもできるので、一人で悩みを抱えることもない。

困ったときこそお互い様で、自分に何かしてもらうことばかりを考えずに、**「相手のために何ができるかを考えながら助け合える環境をつくる」**ことも今後は大切になってくる。

あなたはけっして一人ではない。

☑ **助け合う環境をつくろう**

大きなビジョンに、人もお金も集まる

実質一人で活動をしていても、複数人を実際にまとめていても、独立起業をしたとすれ

ば、どちらにしてもあなたは「リーダー」である。そんなリーダーであるあなたが、多くの人やお金を動かせるようになるために大事なものは何だろうか？

画期的なサービス？　コミュニケーション能力？　人脈？　様々考えられると思う。全くの間違いとは言わないのだが、最も大事なものとは言えない。

多くの人やお金を動かすために必要なもの、それは「ビジョン」である。ビジョンとは、「自分がこれからどういった世の中にしたいのか、自分がどんな働きかけをしていきたいのかを言語化する」ことである。

そもそも、なぜビジョンは、人やお金を動かすことができるのか？　それは、**明確なビジョンは人の心を動かす、つまり「共感される」**からである。

「あなたが成し遂げたいこと（ビジョン）、私も共感できるからぜひ応援したい！」

このように、目の前の人から応援されるようなビジョンができれば、あなたの元には応援してくれる人が集まり、それに伴ってお金がついてくるのだ。

では、そんな応援される「ビジョン」というのはどのように形づくることができるかを具体的なステップにしてお伝えする。

ビジョンをつくる3ステップは、

STEP❶ 過去の経験を全て洗い出す【過去】
STEP❷ 今の仕事（独立起業して行う事業）をなぜやっているのかを言語化する【現在】
STEP❸ これからつくり出したい未来はどんなものかを考える【未来】

である。

まず、最初のステップとして、**これまでの経験を全て洗い出していく。**

特に重要な洗い出すポイントは、自分の苦しんだ経験や失敗談、逆境を乗り越えた経験などの**「人生の谷」のエピソード**である。

人に共感されるということが重要であるため、「なぜ共感が生まれるのか？」を考えたら、自然と洗い出すエピソードは出てくるはずだ。

共感は、自分と同じような経験、特に苦しい経験を同じようにしている場合に生まれるものだ。これまでを振り返り、共感ポイントを見つけよう。

次に、**なぜ今の仕事（独立起業してから行う事業）をやっているのかを言語化していく。**

「誰にどんなことを提供するのか、どういう思いでそれを行っているのか」を言葉にしていく。

それが、**STEP❶**で洗い出した過去の経験が基づいていることを意識しながらつなげていくのだ。

過去から現在をリンクさせた後は、**その仕事をやり続けた先にどんな未来をつくりたいのかをイメージしていく。**

「どんな人たちと、どんな世の中をつくっていきたいのか」、今それを実現できるかどうかはいったん脇に置いておいて、大きなビジョンをつくっていくのだ。

以上、3ステップで共感を生み出すビジョンを作成することで、人とお金を巻き込んでいくことを意識しよう。

☑ 3つのステップでビジョンをつくろう

「Why」から語ることで、あなたに興味を持ってくれる

では次に、初対面の人に、自分がやっている仕事について伝えようとしたときに、どのような伝え方をすればベストなのかという部分もハッキリとさせていきたい。

その答えは、まず相手に「ビジョン」を語るのである。**ビジョンは言い換えれば、何のためにその仕事をやっているのか、という「Why」である。**

一つ例を挙げて、なぜ最初に「Why」から語るべきなのか、ということを解説する。たとえば、目の前に社会人向けにお金の知識を教育しようと考えている人がいるとする。もし、その人がこんなふうに語りかけてきたとしたら、どう感じるだろうか。

「当社では、様々な金融商品の知識を持ったコンサルタントである私が、同業他社のどこよりも安い価格であなたにお金の知識を付けてもらうための講義を行います。一度詳細についてご説明させていただけますでしょうか？」

おそらく、「あぁ、そうなんだ……」くらいで大して興味を持つこともなく、相手からの詳細説明は断って終わるだろう。

では、こんなふうにあなたに語りかけてきたとしたら、どう感じるだろうか？
「僕は、幼少期貧乏な生活をしていて、お金がないことによる苦労をたくさん経験してきました。そのため、これ以上お金で苦労する人が世の中から減ってほしいという思いで、新卒で金融機関に就職して必死で勉強し、独立後の今は社会人向けにお金の教育を行う事業を行っています。もしよければ、一度詳細についてご説明させていただけますでしょうか？」

前者と後者では全く受け取る印象が違うと思う。後者のほうが、話を聞いてみたいと感じたのではないだろうか。

前者にはなく、後者にはあるもの、それが「Why」だ。**何のために、どういう思いでこの仕事をやっているのか、という「理由」である。**

自分のサービスの説明などをするよりも、まずは「Why」を語ること。これだけで、人はあなたに、そしてあなたのサービスに何倍も興味を持ってくれる。

☑ **サービスより、Whyを語ろう**

最も効率的な集客方法は、「紹介をもらうこと」である

どうやって顧客を集めようかと考えたときに、様々な方法が思いつくだろう。SNS？HP？　チラシ？　イベント開催？　色々と選択肢が出てくるかもしれないが、これから独立起業を考えているあなたは、たった一つだけを覚えておいてほしい。

最も効率的であり、これから独立起業を考えているあなたにとって最もシンプルで有効な集客方法は、**「紹介をもらうこと」**である。

まずは、「紹介をもらうこと」が、どれだけメリットがあるのか知っていただきたい。

●メリット1：特別なスキルやテクニックが必要ない

SNSやHPなどのWEBを使った集客方法が特にそうであるが、これらの方法は最初にある程度やり方を学ぶ必要がある。しかも、これまでやったことのないことであれば、

それなりに習得にも時間がかかる。

しかし、紹介をもらうことは基本的なやり方はあるものの、すぐに会得することができる。

●メリット２：コストがかからない

紹介をもらうという方法は、様々なコストがかからない。たとえば、ＨＰをつくろうと思えば、最低でも30〜１００万円は構築費用がかかる。せっかく高額なお金をかけたのにも関わらず、ＨＰから集客ができない！　なんてことはザラにある話だ。

チラシなども同様だ。大量に印刷をして、近隣にポスティングをしたところで、ほとんど反応がなく終わってしまうというケースばかりである。

そういったお金のコストだけでなく、準備期間も含めた時間的コストも大幅にムダになる可能性が高い他の方法に比べて、紹介をもらうことは時間もお金もかからない。


こういったメリットが、紹介をもらうことに専念すれば得られる。実際、ＨＰをつくってもダメ、チラシをつくってもダメ、そんな状態だった人が、改めて「紹介をもらうこと」に特化したところ、今までの結果が嘘のようにすぐに集客に結びついたケースはたくさんある。

では、紹介をもらうために具体的に必要なポイントを紹介する。

POINT❶ 商品サービスではなく、まずは「自分」を買ってもらうこと
POINT❷ 商品サービスがわかりやすいこと
POINT❸ 紹介をしてほしいと明確に伝えること

最初のポイントであるが、これは勘違いされやすいのだが、商品サービスの良さを前面に押し出して、「この商品良いでしょう。他にも興味ありそうな人を紹介してください！」というのは、うまくいかない。

いくら商品やサービスが良くても、それを扱っている人が魅力的でなければ、結局人は紹介もしてくれないし、購入もしてくれない。まずは、**目の前の人に「自分を買ってもらう」働きかけをする**のが重要だ。

次に大切なのは、**「自分の扱っている商品サービスがわかりやすいかどうか」**である。紹介をしてくれる人が、すぐにパッと簡単に紹介できるようなわかりやすいものにできているかもチェックしておこう。

最後のポイントとして、**「紹介してください」とハッキリと伝える**ことである。もしかしたら、自分の商品サービスを人に紹介してもらうことに最初は抵抗があるかもしれない。でも、目の前の人にはきちんと自ら紹介をしてもらいたいという意思表示をしなければ、相手には伝わらない。

綺麗な言葉でなくて良いので、まずは紹介してほしいと伝えやすい人から、自分を紹介してもらえるようにアプローチしてみるといいだろう。

☑ 3つのポイントを押さえて紹介してもらおう

幸福な人生の基盤は、家族から創られる

「人を巻き込む力」というのは、顧客やビジネスパートナーだけと思ってはいないだろう

か？　実は、**最も巻き込む必要性の高い人がいる。それは「家族」である。**

ここをおろそかにしていては、いくら周りの他の人を巻き込んだところで、独立起業をしようとしても頓挫《とんざ》するだろう。

「独立起業をするなんて言ったら、きっと家族から反対されてしまう！」と、家庭を持っている人は悩んでいるはずだ。

僕自身のことを話すと、前職の銀行を辞めて独立起業をするタイミングでは既に結婚をし、さらには子どももできて間もない状況であった。

一般的には、そのような状況下では、独立起業なんて道に進むことは狂気の沙汰と言われるだろうが、僕の場合は独立起業を成功させることができた。それも全て、家族から応援され、支えてもらえる状況があったからだ。

では、どうすれば家族から反対されることなく、独立起業に向けて応援してもらえる状況にすることができるのだろうか？　ポイントは２つである。

POINT❶「Why」を伝える

POINT❷ 事前相談をしない。事後説明をする

一つひとつ見ていこう。まずは、**「Why」を伝える**ということである。これは、先ほども説明したのだが、「なぜこの仕事をすることにしたのか」を伝えることによって、相手の心を動かし、話を聞きたいと思わせることができる。

こんなことをしようと思う、こんなふうにやるんだというような「What」や「How」などは、家族は重要視していない。

家族はあなたにとって一番近い存在だ。だからこそ、あなたの選択に対して気にかけているから不安になる。そのため、「Why」を伝えることによって、**「きちんとした理由があって独立起業という選択を取る」ということを、しっかりと伝わるようにすることが重要**である。

次に重要なのは、**事前相談をしない**ことである。確かに仕事においては、事前に物事を相談するというのが鉄則であるが、家族を巻き込むためには、相談は禁物だ。

なぜか？　まだ、構想段階などのスタート前の段階で、「会社を辞めて独立起業しようと思うんだけど、いいかな？」と、まだ何も形も決まっていない段階で相談しようとしても、家族は余計に不安になり、反対するに決まっている。

事前に相談してそのまま反対されてしまい、自身の挑戦を頓挫させるのはあまりにも

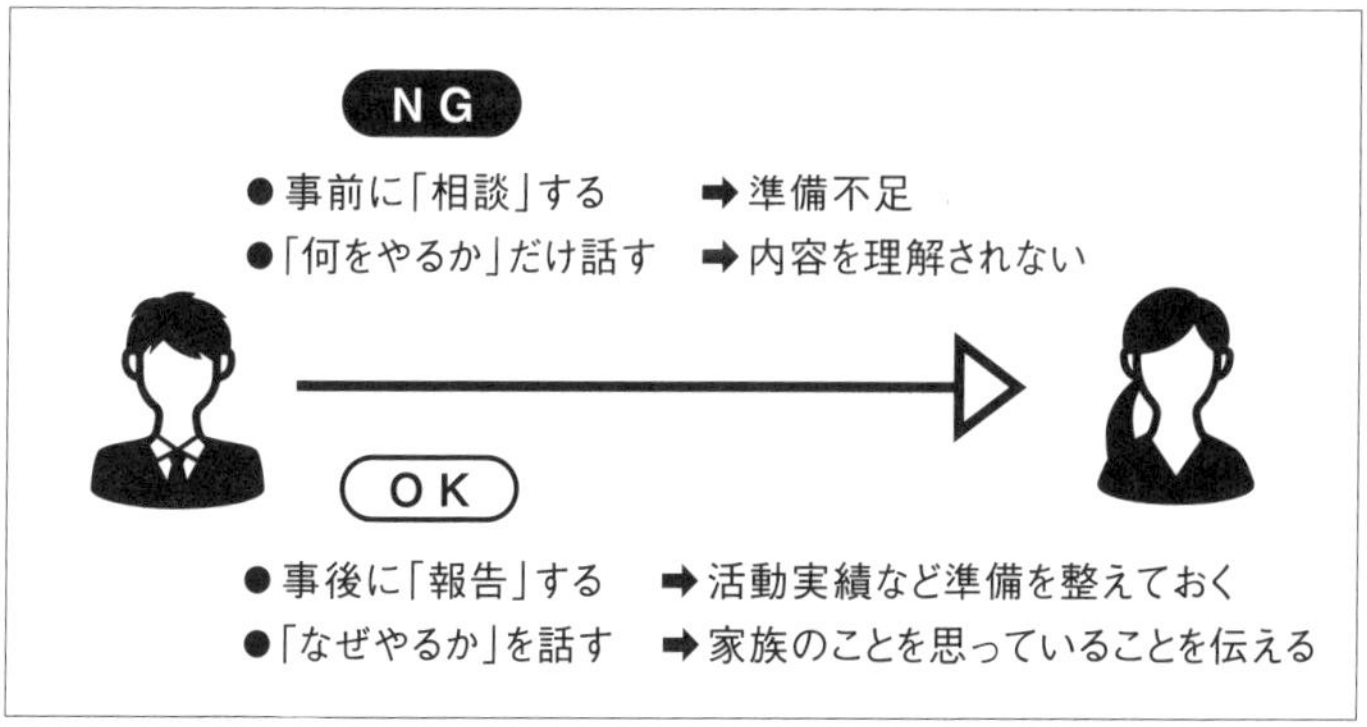
NG
●事前に「相談」する　➡準備不足
●「何をやるか」だけ話す　➡内容を理解されない
OK
●事後に「報告」する　➡活動実績など準備を整えておく
●「なぜやるか」を話す　➡家族のことを思っていることを伝える

家族から応援してもらうためには「順番」と「内容」が重要

もったいない。

　そうではなく、相談をする前にある程度活動してみて、自分の中で納得のいく説明が相手にできるなと思えるところまで、絶対に相談をしてはいけない。

　しっかりと説明ができるようになれば、自分の中の不安もなくなり、家族も不安に思うこともない。そうすれば、反対されることなく、家族がむしろ応援してくれる状態がつくれるのだ。

　家族の応援がなければ、仕事は順調に回っていかない。幸福な人生の基盤は、家庭から創られるのである。

☑ 家族をしっかり巻き込もう

「自分の弱み」を互いに晒《さら》して、助け合うチームをつくる

本章では、すでに「チーム」をつくることの重要性やメリットについて触れてきたが、では具体的にどのようにしてチームをつくれば良いのかという話をしていこう。

まず、そもそも**「チームというのは、何の目的でつくる必要があるのか」**ということを考えれば、必然的にチームのつくり方がわかってくる。

チームをつくる一番の目的は、**「互いに補い合う関係をつくる」**ためである。人は完璧ではない。一人でできることには限界がある。それは、仕事をする上でも、もちろん影響してくる話である。

仕事面で言えば、営業が得意な人がいれば、苦手な人もいる。事務仕事が得意な人がい

れば、苦手な人もいる。対人コミュニケーションが得意な人がいれば、苦手な人もいる。
このように、一つの仕事をしていく上でも、得意不得意を補い合うことができれば、人はストレスなく仕事を進めることができ、結果的に効率的に成果をぐんぐん上げることができるのだ。

では、そういった、互いに補い合えるチームをつくるためには、具体的にどうすれば良いのだろうか？　それは、シンプルに**「自分は〇〇ができない、苦手だ」と自分の弱みを晒す**ことである。

確かに、自分はこんなことができないと周りの人に伝えるということは恥ずかしいし、とても勇気のいることである。ただ、そのハードルを一度飛び越えてしまえば、周りの人たちが自分のできないことを一生懸命にサポートしてくれる。

僕は今、会社を経営しながらサポートスタッフを含めて、たくさんの人たちと一緒に仕事をしている。

昔から、何でも人に頼らずやってきたという性格もあってか、会社員だったときも周りに相談できず、自分一人では解決できない問題が悪いほうに発展して大問題が起こるなど、かなり苦労をした経験があった。

独立起業することで、自分の苦手なことをしないようにすれば、そんな問題も起きずに自分一人で解決できるだろうと思っていた。

独立して仕事をやるほうが自分には合っていたので、どんどん結果は出ていったのだが、あるとき自分一人でやれるところの限界がやってきた。売り上げも伸び悩み、猫の手も借りたいくらいに業務がパンパンになったのだ。

そして、僕は勇気を持って決断をした。自分のできないことを晒して、周りのみんなに助けてもらおうと。最初はとても怖かった。できないことを言うなんてみっともないと思っていた。でも、周りの反応は違った。

「頼ってくれてありがとうございます。自分で良ければ力になります」

そう言ってくれたのだ。そこから、どんどんチームの規模は大きくなり、自分のできない部分をサポートしてくれる人たちと大きな仕事ができるようになっていったのだ。

あなたも、全てを自分一人で抱える必要はない。周りに支えてもらうことで、より強くたくましく立てるのだ。

☑ 自分の苦手なことを周りに支えてもらおう

周囲への「感謝と尊敬」が、自由なキャリア選択を可能にする

結局、**「人を巻き込む」ために必要なものとは、「感謝」と「尊敬」**である。この2つを、あなたは周囲の人へきちんと伝えられているだろうか？　今一度、自分自身の普段の様子を思い出してほしい。なかなか言えているようで言えていないのではないだろうか？

先ほども述べたように、あなたの一番近い存在である家族にこそ、普段当たり前すぎて感謝の気持ちを言葉にできていない人もいるかもしれない。

○○してもらって当たり前、自分のことは理解してもらって当たり前、そんなふうに思ってしまってはいないだろうか？

もし、伝えられていないようであれば、些細《ささい》なことでいいので「ありがとう」という感

謝と尊敬の気持ちを伝えてみてはどうだろうか。**家族があなたの背中を押してくれるかどうかは、あなたの働きかけ次第だ。**

また、家族だけでなく、**今の会社の同僚や上司などに対しても伝えておきたい。**会社を辞めて独立起業をするということは、在籍している会社に対して少なくとも負担をかけることになる。

あなたの独立起業を応援してくれる存在になってくれるのか、それとも、良く思われない状態で去ってしまうのか。それも、「感謝」と「尊敬」の気持ちを伝えられているかにかかってくる。

あなたが気持ちよく、自由なキャリア選択を可能にするために、まず一言伝えてみよう。

☑ 家族と会社に、「ありがとう」を伝えよう

第７章

「お金と投資」の考え方次第で働き方が変わる

経営者意識を持とう

自分自身への「投資」を惜しむな！

さて、ここからは、独立起業をするとなったら必ず考えなければならない「お金」について考えていくことにする。

まず大切なことは、**「お金」に対しての捉え方を変える**ということが重要である。変えるべきポイントは3つだ。

POINT❶「もらう」ではなく「稼ぐ」
POINT❷「貯める」ではなく「使う」
POINT❸「消費」ではなく「投資」

まず一つ目のポイント、「もらう」ではなく**「稼ぐ」に変える**こと。

あなたが会社員として現在も働いているならば、毎月決まった日に決まった給料が口座に振り込まれることが当たり前の世界だろう。ただ、会社を辞めて独立起業をしたのであれば、語弊はあるかもしれないが、**「お金が自動的に降ってくる」ような状況ではなくなる**のだ。

毎月給料が入ることが当たり前の世界から、自分で責任を全て負って、自ら「稼ぐ」必要がある世界へ移行する。だから、お金を誰かから「もらう」という感覚を捨てよう。

次に、「貯める」ではなく**「使う」に変える**こと。

「お金を貯めなければ、将来の資産はどうするんだ」と批判を受けそうだが、あえて言おう。**「貯金思考」では、これから独立起業をして、もっと大きな成果を手に入れたいという想いは達成できない！**

なぜなら、**「お金を貯めるという行為は、お金を使わないという行為」**であるため、より積極的にお金を使ってもらって、自身の売り上げを上げる側に独立起業してなるのであれば、自分がしてもらいたい行動とは真逆の行動をしてしまっているからである。

お金は積極的に使ってもらう必要がある。誰かにしてもらいたいのであれば、まず自分からやろう。

最後に、「消費」ではなく**「投資」に変える**こと。

先ほど述べたことに関連するが、お金はどんどん積極的に使うのが重要である。ただ、その使い方には気をつけなければならない。

ただ単純に「消費」という感覚で使うということを避けるようにすべきであり、どうせお金を使うのであれば「投資」という感覚でお金を使おう、ということがポイントである。しかも、その「投資」というのは何に投資をするのかというと、**「自分自身への投資」**を積極的にすべきである。

自分のスキルアップや知識向上、考え方を磨く、見た目……それら全て自分自身を磨くためにお金をかけること、そんな自己投資には積極的にお金を投入しよう。

☑ お金に対する捉え方を変えよう

お金に対するイメージを変えなければ、独立起業は成功しない！

あなたは、「お金」に対してどのようなイメージを持っているだろうか？　人によっては、お金とは「あればあるほど幸せになれるもの」というポジティブなイメージを持っている人もいれば、「卑しいもの」とネガティブに捉えている人もいるだろう。

独立起業して成功したいのであれば、こういったお金の捉え方をポジティブにしていくことが必要である。

では、このお金のイメージは、どうすれば独立起業を成功に導くようなプラスの方向に変えていけるのだろうか？　まず、そもそもこのお金に対するイメージはどのように形成されたのかを理解することから始めよう。

お金に対してのイメージは、あなたが育った家庭環境によって形成される。つまりは、親からどのようなお金の教育を受けているか、ということだ。

例を挙げると、僕の実家は裕福ではなかったため、「うちはお金がないからね、我慢してね」とずっと言われてきた。そういう家庭に育ったこともあり、無意識に自分はお金をたくさん持っていてはいけない人間なのだというイメージを持ってしまう。

そうするとどうだろう。独立起業してどんどん売り上げを上げていこうと思ったときに、お金へのイメージが完全に足かせになってしまうのだ。

これではマズイと思い、僕自身のお金へのネガティブイメージを払拭するように努力をした。その方法をシェアしたいと思う。

僕自身もそうであるが、お金に対してネガティブなイメージを持ってしまっている人は、まずやるべきことは小さな金額で良いので、**「お金を直接手で受け取る経験を積む」**ことをしてみてほしい。

普段、会社からの給料は基本的に口座へ毎月振り込まれていると思うが、実際に自分の仕事として稼いだ分を手で受け取る経験をすることで、お金をもらうありがたみを実感し、恐れを少しずつ克服していくと良いだろう。

☑ お金を直接手で受け取ろう

将来を考えて、「貯金」しようと考えていないか？

入社5年目から独立起業を考えている人であれば、特にお金に対してはシビアになっていることだろう。そろそろ結婚を意識し始める人もいれば、すでに結婚して家庭を持っている人もいる。

家族を守ること、将来の自分の資産設計のことを考えれば、しっかりと貯金をしないといけない……、そのように思う人が大半だと思う。

だが、あえて言おう。**貯金なんて今は考えなくて良い**。お金をどう生み出すことができるかを優先して考えよう。

お金を将来のために貯めていく方法として、一般的には様々な手段がある。銀行にコツコツと預金をしていくという方法もあれば、生命保険の仕組みを使って積み立てていくという方法もある。お金の専門家である元銀行員の立場から言わせてもらえば、正直どちらもお金を貯めていく方法としては不十分である。

まず、**銀行預金をしていくというのは、絶対的にお勧めしない。**2020年現在の普通預金の金利は0・001%である。仮に、1年間100万円を預けたとして、利息は10円しかつかない。

利息で大きく増やすということを目的としていないとは言っても、こんな低金利では何のメリットもない。ATM手数料がかかって、数百円が一瞬にして引かれてしまえば、これまで貯めてきた金利も吹き飛んでしまう。

また、それに対して、生命保険の中で積立型の保険の仕組みを使って将来のお金を準備する、という方法もある。

生命保険の営業マンは、将来の資産形成と同時に生命保険で、もしものときの安心も手に入れましょう、という常套句《じょうとうく》で誘ってくるが、その手には乗らないほうが良い。

確かに、生命保険の仕組みで貯蓄するという方法はメリットもある。普通の銀行預金に

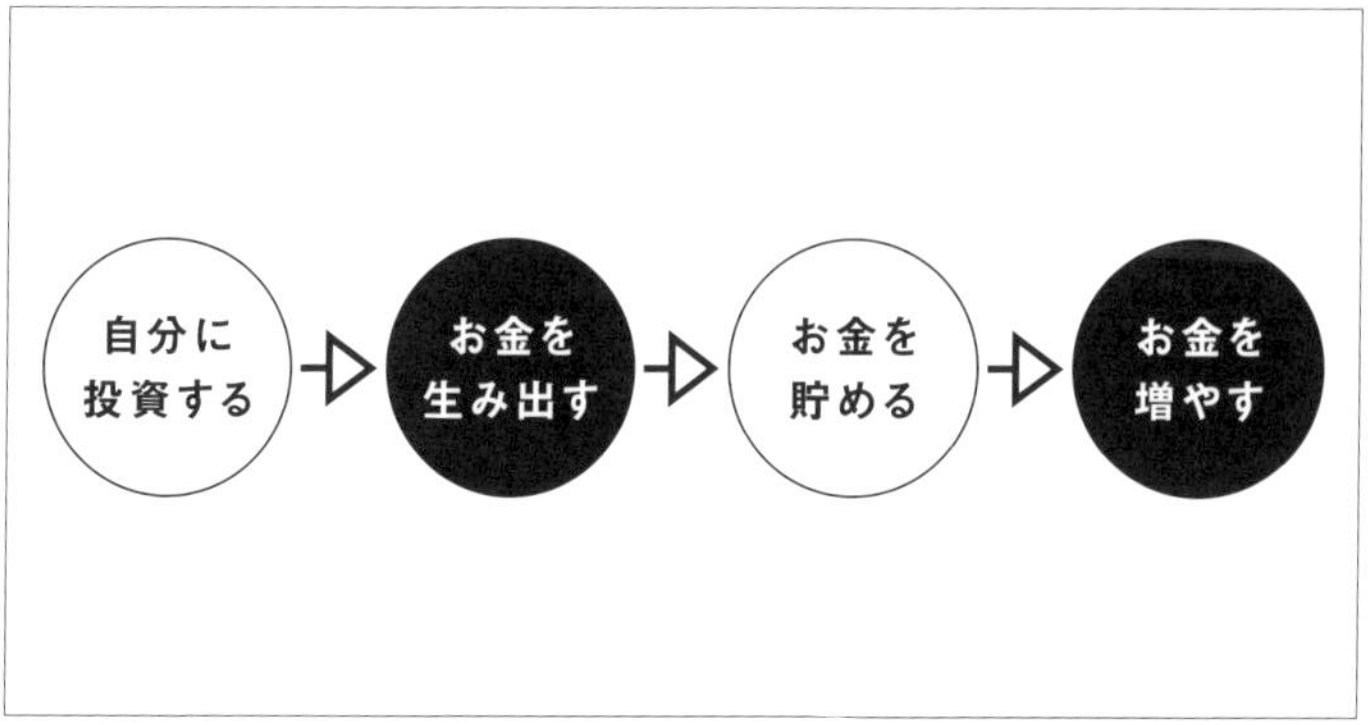

まずは、お金を生み出す自分になるための自己投資をする

比べて利率が高い。保険商品によっては、年利数%も増えるようなものもあり、しっかりと積み立てていけば、将来的には元の資産の倍以上に増えて戻ってくる場合もある。

ただ、デメリットも大きい。それだけの利率がつく分、生命保険で運用していることによる様々な手数料が差っ引かれる。また、金利が高い商品は日本円建てではなく、外貨建てで運用されているものも多く、為替リスクを受ける。

また、一定期間自由に解約できない（正確には、解約すると手数料が大きく引かれて損失が発生する）という意味で自由度がきかない……など、**生命保険でお金を貯めようとするのも、一概に良いとも限らない。**

また、一番大きなポイントは、**「お金を貯**

めようにも、お金を生み出す実力が小さければ、貯められるお金も小さくなる」ということだ。年間500万円のお金を生み出す力を持っている自分と、年間1000万円のお金を生み出す力を持っている自分であれば、どちらのほうがお金を貯めていくポテンシャルが高いだろうか？　圧倒的に後者のほうである。

今のあなたのままで、お金を大きく貯めていけるほどの力があるだろうか。自分自身の能力を磨き、お金を生み出せるようになることを優先して行動してみよう。

☑ まずは、お金を生み出す力をつけよう

独立起業に必要な「三大資産」を手に入れよう

「資産」という言葉を聞くと、あなたはどんなものをイメージするだろうか。現預金？

不動産？　現物資産？　色々とイメージされると思うが、「資産」というのはもっと広く資産と考えられるものがある。

これから独立起業していくあなたにとって必要な「三大資産」についてこれからお伝えする。


三大資産とは、**「人的資産」「社会的資産」「金融資産」**の3つを指す。

- 「人的資産」とは、自分の経験やスキルなどのストックのこと
- 「社会的資産」とは、社会的信用や人脈などのこと
- 「金融資産」とは、株や不動産など一般的なイメージ通りの資産のこと

よく「お金持ちになりたい」と言う人がいる。いわゆるお金持ちになるのは、この三大資産で言うと「金融資産」をたくさん持っている人のことだ。そして、お金持ちになりたいと言う人は、この「金融資産」を真っ先に増やそうとする。

だがしかし、絶対に失敗する。本当の意味でお金持ちになるために手をつけるべきなのは、最初は「金融資産」ではないのだ。

お金持ちになれる人は、何もせずに「金融資産」をたくさん保有できたわけではない。先ほどの三大資産で言うところの、**まずは「人的資産」を手に入れる**のだ。シンプルに言うと、**「お金持ちになり得る自分に進化する」**ということだ。

そして、経験やスキルなどの「人的資産」を手に入れた人は、世の中に影響力を持つことができる。

社会的な信用や人脈を手に入れることで、どんどんと複利的に資産を増やすことができる。そうすると、自然と「金融資産」が増えていくのだ。

何事も一発逆転という簡単な方法はない。順序よく自分を成長させよう。

☑ まずは、「人的資産」を手に入れよう

「収入源の分散」は、これからの時代必須である！

「会社からの給料一本しか収入源がない」

もしかしたら、これは当たり前のことのように聞こえるが、これからの時代は、**「収入の柱が一つしかないのは非常に危険」**である。

再三お伝えしているが、終身雇用の崩壊、大企業でも突然のリストラが平気で起きることの時代、ずっと安定して今の会社で給料がそのまま支払われるという保障は一切ない。

また、働き方改革として残業の規制が強くなった会社も多い。今までであれば、変な話遅くまで残って残業代をたくさん上乗せすることで、毎月の給料をアップさせていたという人もきっと多いはずだ。

ところが、残業を禁止されたとすれば、今まで残業代に期待していた人たちは、一気に毎月の給料の手取り額が減少する。

その結果、悲惨な出来事が起きている。「住宅ローン破綻」だ。住宅ローンを申し込んだ段階では、現在の月収や将来的な収入の伸び代も考慮に入れながら、月々の返済金額を設定している。

その月収には、もちろん残業代などの手当ても含まれている。これが大きな問題だ。見込んでいた残業代分が丸々なくなったとすれば、返済に充てられる資金余力がなくなり、遂には返済不能になってしまうのだ！

少々怖がらせるような話をしてしまったかもしれないが、これからの時代はこんなことが平気で起こってしまうというのは、あなたもしっかりと認識しておかなければならない。そして、ただビクビクするのではなく、どうすればこのような事態に対処できるのかを考える必要がある。

「もう明日から会社に来なくていいから」と突然上司に言い渡されたとしたら。もし、そのような状況に立たされたとしても、「はい、全く問題ありません」と、いつでも会社を辞められる自分になることが要求される。

そのために必要なのが、**「会社以外の収入源をつくる」**ということだ。

人というのは、何か一つリスクテイクしようとした際には、別で必ず安定安心が担保されていなければ行動できないものだ。今回で言えば、会社を辞めて独立起業をしようと思っても、自分の事業で売り上げが全く立っていない状況で、いきなり会社を辞めるのは怖くてできないはずだ。

つまり、**「会社の給料がもらえているうちに、それを安心材料としながら、独立起業の準備をしておく」**ということである。

また、これからの時代は、会社を完全に辞めて独立起業をするという道よりも、いわゆる**「複業」「パラレルワーク」**という形もスタンダードになってきている。

「複業」「パラレルワーク」とは、要は**2つ以上の本業を掛け持った働き方**のことである。

「副業」というと、その仕事はサブ的な意味合いが強くなるし、「独立」というと、既存の会社の仕事を完全に辞めて一本化していくという印象が強いはずだが、副業ではなく、「複業」という、どの仕事も本業だという働き方だ。

僕が指導したクライアントで、金融機関の事務職で働いており、社内最速で女性管理職に登用された人がいた。

当初は、さらなる収入アップと、自由に仕事がしたいという考えを持たれていたので、会社からの「独立」を視野に活動していた。

その後、自身の事業として、女性のキャリアアップ支援を行う企業研修講師としての仕事も次々と獲得することができ、収入も上がり、やりがいも格段にアップした。

会社を辞めて、独立しても全く問題のない収入レベルになったため、

「○○さん、そろそろ今の会社を辞めて独立しますか？」

と聞くと、彼女はこのように言った。

「山本さん、最初は会社から独立しようと考えていたのですが、会社での事務職の仕事も企業研修講師の仕事もどちらも私にとっては大事な仕事なので、どちらか一方にするのではなく、両方続けたいと思います。それが、一番自分らしく仕事ができると確信しています」

彼女は、収入源を分散させることに成功した上に、自分自身のキャリアビジョンも一気に明るくすることができたのである。

この事例からもわかるように、会社の仕事だけでなく、「複業」「パラレルワーク」を行っていくことで、自分の可能性を広げられることも魅力である。

☑ パラレルワークという働き方も視野に入れよう

自己実現のための手段としての仕事とは

あなたにとって、「仕事」「働く」とはどういった意味を持っているだろうか？

日々の生活を維持するお金のため？　それとも、特に意味はないけど、働かなければならないから？

そこまで深く考えずに過ごしている人がほとんどかもしれない。ただ、日頃の仕事をしている中で、「もっとやりがいのある仕事をしたい」と感じているのも事実だろう。

この本を手にとっているあなたというのは、きっと現状に満足できず、どうにかして自分をもっと成長させたいという向上心を強く持っている人だと思う。

そんな**自分の成長、自己実現欲求の高い人にとって、独立起業して自分で事業を行うと**

いうのはベストな選択肢だ。

独立起業するというのは、すべて自分で自由に意思決定できる一方で、すべて自分で責任を負わなければならない。成長とは、負荷を自分にかけることで初めてできることである。ぜひ積極的にチャレンジをしてほしい。

ここで、会社員から独立起業し、自分の成長と自己実現を目的として活動された人の例を挙げようと思う。

元々不動産や広告代理店の営業をされていた男性で、入社した会社全てで営業成績上位に入賞されるほど結果を出していた。年収も同世代よりも高く、お金の面で何か不満を抱えることもなく過ごせていた。

そんな中、彼の人生を変える出来事があった。昇進試験があったのだが、成績が常にトップの彼が試験に落とされた。理由は、「営業成績は申し分ないのだが、マネジメント能力にはまだ課題がある」ということだった。

その会社で今後昇給するためには、マネジメント職種に昇進しなければ道はない。そうなったときに、彼は会社内でこれからさらに上を目指していくことを諦めた。ただ、根っから向上心の高い彼はどうすれば良いかわからなくなった。

そんなときに僕の元に相談に来た。会社とは別の軸で仕事をし、そちらでもっと高みを目指すことができれば、彼の湧き上がる向上心が余すことなく生かされるだろうという希望にかけて。

結果的に彼は、これまでの営業経験を生かして、高単価なサービスを法人向けに販売する方法を指導する、営業研修事業を立ち上げ、わずか半年で会社から独立起業した。**既存の会社では今後の成長が難しいと判断した彼は、自分で事業を立ち上げることで自分の成長スピードをさらに加速させた。**あくまでも手段として、自分の仕事の自己実現を図るために活用したのだ。

まだ自分には伸び代がある、もっと自分の実力を試したいという人には、自分で立ち上げた仕事を通して、その可能性を広げてもらいたい。

☑ 独立起業して自己実現欲求を満たそう

キャリアプランは、ライフプランの一部である

将来自分がどうなっていたいか、どんなふうに人生計画をして今を生きていくのか、ということをあなたは日頃考えているだろうか？

会社の中で、どのようにキャリアアップするのかということもそうであるし、いつのタイミングで他の会社に転職をするのかということもそう。独立起業を考えて行動するということもそうなのだが、キャリアプランというのは意外と考えるのが難しい。

それこそこれからの時代は、不確実性の高い正解のない時代であるため、どんなキャリアを歩んでいけば良いのかを見極めるのは困難を極めるだろう。

キャリアのことだけを切り取って考えてはドツボにはまる。

だからこそ、**「キャリアとは、あなたの人生の一部である」**というふうに考えることが大切である。

その場合、どんな会社で働くのか、どんな仕事をしたいのか、年収はどれくらいがいい

のか……そんなミクロなところから考えていては、選択できる可能性が極端に狭くなってしまう。

そうではなく、**「将来自分はどんな自分でありたいのか、どんな人生を歩みたいのかという人生の大きなゴールを考えた上で、キャリアについて計画していく」**と、思いも寄らない結果を引き寄せることができるはずだ。

小さくまとまるのではなく、あなたの可能性を大きく広げてキャリアを描いていこう。

☑「自分はどんな人生を歩みたいのか」で考えよう

自分がトップであるという「経営者感覚」を持つことで道は拓ける！

あなたは、自分自身のことを自分でしっかりと認識できているだろうか？　そして、その自分をしっかりとコントロールできているだろうか？

僕は最近、自分自身のことを自分でわかっていない人が多すぎると感じている。

そして、わかっていないがゆえに、他人に自分の人生を委ねてしまっている。それが非常に残念だ。

この世に生まれてから、僕らは本来自分自身を自分で自由にコントロールできるはずだ。ただ、いつのまにか社会の影響でいろんな制約をかけられ、自分の人生の主導権を他人に握られてしまった。

そんな制約を取り外すためにも、あなたは**「経営者感覚」を持つことが大切だ。「あなた自身のことを一つの会社だと思い、自分が社長になる」**こと。

他の誰でもない、「自分がトップである」という自覚を持つことで、責任を持って自分のこれからの道を切り拓いていくことができるだろう。

☑「自分が会社だ」という自覚を持とう

おわりに

ここまで本書を読んで、いかがだっただろうか。

本書では「得意なことで、入社5年目から独立起業する」ということについて、大きく7つの観点からお伝えしてきたが、一つひとつ事例を参考に自身のことを見つめ直してもらえれば、きっと理解していただけただろう。


振り返れば、僕が「得意なこと」で生きようと思ったルーツは中学生の時期にある。お金がなくて、友だち全員が持っているカードゲームやテレビゲームを自分だけが持っていない。社交的で明るく振る舞えるクラスのリーダーとは違って、自分は引っ込み思案でクラスの隅っこにいた……。

そんな劣等感の塊だった小学生までの僕が、周囲から一目置かれる存在になったきっかけが、「勉強を一人一人にカスタマイズして教えること」だった。

僕がテスト対策でつくった独自のまとめノートは、誰が見てもわかりやすいと瞬く間に噂となり、テスト前には僕の周りに人が群がるようになった。

「山本くんに授業してもらいます！」と、実際に授業の担当までを依頼してくる先生もいた。高校受験前には家庭教師をお願いされ、どこの高校にも合格が危ういと言われる同級生たちの指導をして、大逆転合格に導き感謝された。

あのときの僕は、劣等感から脱出するために必死だった。そして、「得意なこと」をフルに生かすことで、目の前の現実を光輝く明るいものに自ら変えることができたのだ。

その体験があったからこそ、銀行員時代に自分の人生を半ば諦めかけた際にも、「得意なことで生きれば、目の前の現実は変えられる」と確信をしていたのだと今になって思う。

この本を読んでいるあなたも、「得意なことで輝いている瞬間」がきっとあるはずだ。もし、今の自分に自信がなかったり、理想とする働き方ができていないと思っていたりしても大丈夫。それは、あなたが本来持っている「得意なこと」を生かし切れていないにすぎない。

もはやこれ以上言うまでもないが、働き方の常識は一変し、ウイルスとの共存を余儀なくされたことで、ますます先行き不透明な令和の時代を生きる僕たちのキャリア形成に必要なのは、間違いなく「得意を生かして、自分の力だけで生きられる人材になること」である。

そのためにも、ぜひこの本をきっかけに、その一歩を踏み出してみてほしい。得意なことを生かせば、きっとあなたの人生は素晴らしいものになり、家族や仲間、大切な人たちを守る力を与えてくれるだろう。

僕は、たくさんの人たちに支えられて生きている。出版という夢実現に向けてステージを上げてくださった芝蘭友先生、若輩者の僕の言葉をまとめてくださった遠藤励起さんには心から感謝いたします。

僕をここまで育ててくれた両親へ。今まで本当にたくさん迷惑かけてきたけど、これからは少しずつ恩返しできるように頑張ります。

そして、いつも一番そばで僕のことを支えてくれている妻と娘、息子へ。いつまでも自慢の旦那・パパでいるから、これからもずっとよろしく。いつもありがとう。

最後に、人生の貴重な時間を使ってこの本を読んでくださったあなたに感謝いたします。

2020年9月吉日

山本佳典

山本佳典（やまもと よしのり）
株式会社エス・プロモーション 代表取締役
株式会社 REVERITAS 代表取締役
独立・起業・副業プロデューサー

1989 年岡山県津山市生まれ。同志社大学経済学部卒業。「産業組織論」を専攻。競争市場における製品差別化の理論分析を重ねる。卒業後、株式会社三井住友銀行に入行。延べ 2,000 名以上、総預り資産 100 億円超の VIP 個人顧客の金融資産管理を担当。入社 1 年目から全国表彰を受ける。
トップセールスマンになるもパワハラによるストレスから、失声症・全身じんましんなど自律神経失調症を発症。その後自殺未遂を経験するなど、命の危機に直面したことを転機に、自身が最も活躍する場所（＝ポジション）を選び間違えていると確信。製品差別化理論とマーケット分析手法、独自の商品販売手法を体系化し、入社 5 年目の 27 歳で独立。貧しい家庭環境で育ったことで「自分の子どもには惨めな思いはさせない」と決意。独立後、2 年で年商 1 億円を達成。
セミナー / コンサルティング依頼は紹介だけにも関わらず、全国から殺到。「我慢するな、自分で選べ！」という理念のもと、家族を幸せにする時間と対価を同時に手に入れたいと願う、若手起業家のスタートアップに力を注ぐ。これからの時代が求める新しい働き方だと各種メディアも注目。日本テレビ『NEW アベレージピープル』や新聞、ラジオ、経済雑誌、月間 45 万 PV（閲覧回数）を誇る WEB メディアのコラム執筆など注目が高まっている。

〈セミナー / コンサルティング受講者の声〉

企業内で成績を残すも正当に評価されてないと不遇感を持つ 30 代前後の若手ビジネスマンからの信頼も厚く、セミナー / コンサルティングには延べ 700 名以上が参加。

「自分だけでは絶対に見つからない強みを一瞬で見極めて事業化してくれた」

「家族のことを守りたいなら絶対に山本さんのもとで学んでほしい」

「冷静だけど心温かい人柄で安心して任せられる」

と、受講生からの信頼も厚い。

株式会社エス・プロモーション 公式 HP
https://s-promotion.jp/

これからは入社《にゅうしゃ》5年経《ねんた》ったら、

もう独立起業《どくりつきぎょう》しなさい！

2020年11月17日 初版第1刷

著者／山本佳典《やまもとよしのり》

発行人／松崎義行

発行／みらいパブリッシング

〒166-0003 東京都杉並区高円寺南4-26-12 福丸ビル6F

TEL 03-5913-8611　FAX 03-5913-8011

https://miraipub.jp　E-mail:info@miraipub.jp

企画協力／Jディスカヴァー

編集／田川妙子

発売／星雲社（共同出版社・流通責任出版社）

〒112-0005 東京都文京区水道1-3-30

TEL 03-3868-3275　FAX 03-3868-6588

印刷・製本／株式会社上野印刷所

ISBN978-4-434-28198-3 C0034